# MAXIMES

# ET PENSÉES.

PARIS, IMPRIMÉ PAR PLON FRÈRES

36, RUE DE VAUGIRARD,

# MAXIMES

## ET

# PENSÉES

## DE H. DE BALZAC.

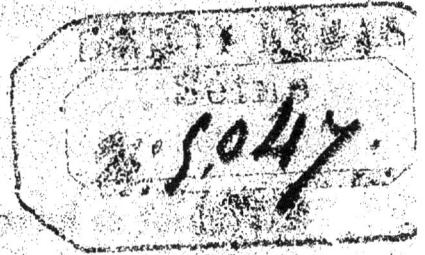

PARIS

PLON FRÈRES, ÉDITEURS,

36, RUE DE VAUGIRARD.

1852

# MAXIMES
# ET PENSÉES,

PAR

## H. DE BALZAC.

L'animal est un principe qui prend sa forme extérieure, ou, pour parler plus exactement, les différences de sa forme, dans les milieux où il est appelé à se développer. Les espèces géologiques résultent de ces différences.

L'état social a des hasards que ne se permet pas la nature, car il est la nature plus la société.

Le hasard est le plus grand romancier du monde; pour être fécond, il n'y a qu'à l'étudier.

1

La loi de l'écrivain, ce qui le fait tel, ce qui, je ne crains pas de le dire, le rend égal et peut-être supérieur à l'homme d'État, est une décision quelconque sur les choses humaines, un dévouement absolu à des principes. Machiavel, Hobbes, Bossuet, Leibnitz, Kant, Montesquieu, sont la science que les hommes d'État appliquent.

La passion est toute l'humanité; sans elle, la religion, l'histoire, le roman, l'art, seraient inutiles.

Il est des mésalliances d'esprit aussi bien que des mésalliances de mœurs et de rang.

La légèreté de l'esprit et les grâces de la conversation sont un don de la nature ou le fruit d'une éducation commencée au berceau.

Perdre un bonheur rêvé, renoncer à tout un avenir, est une souffrance plus aiguë que celle causée par la ruine d'une félicité ressentie, quelque complète qu'elle ait été : l'espérance n'est-elle pas meilleure que le souvenir?

⁂

Le malheur fait dans certaines âmes un vaste désert où retentit la voix de Dieu.

⁂

En coupant la tête à Louis XVI, la révolution a coupé la tête à tous les pères de famille. Il n'y a plus de famille aujourd'hui, il n'y a plus que des individus. En voulant devenir une nation, les Français ont renoncé à être un empire. En proclamant l'égalité des droits à la succession paternelle, ils ont tué l'esprit de famille, ils ont créé le fisc; mais ils ont préparé la faiblesse des supériorités et la force aveugle de la masse, l'extinction des arts, le règne de l'intérêt personnel et frayé les chemins à la conquête. Nous sommes entre deux systèmes : ou constituer l'État par la famille ou le constituer par l'intérêt personnel; la démocratie ou l'aristocratie, la discussion ou l'obéissance, le catholicisme ou l'indifférence religieuse : voilà la question en peu de mots,

Nous allons à un état de choses horrible; en cas d'insuccès, il n'y aura plus que les lois pénales ou fiscales : la bourse ou la vie.

On pourrait choisir un homme entre mille, on ne peut rien trouver entre trois millions d'ambitions pareilles, vêtues de la même livrée, celle de la médiocrité.

Le propre d'un grand homme est de dérouter les calculs ordinaires.

La perfection de la bienfaisance consiste à s'effacer, si bien que l'obligé ne se croie pas inférieur à celui qui l'oblige; et ce dévouement caché comporte des douceurs infinies.

Le monde est un grand comédien; et, comme le comédien, il reçoit et renvoie tout : il ne conserve rien.

Notre vie est composée, pour le corps comme pour le cœur, de certains mouvements réguliers. Tout excès apporté dans ce mécanisme est une cause de plaisir ou de douleur; or, le plaisir ou la douleur est une fièvre d'âme essentiellement passagère, parce qu'elle n'est pas longtemps supportable. Faire de l'excès sa vie même, n'est-ce pas vivre malade?

Les choses qui ne nous fatiguent point, le silence, la paix, l'air, sont sans reproche parce qu'elles sont sans goût; tandis que les choses pleines de saveur, en irritant nos désirs finissent par les lasser.

L'homme qui peut empreindre perpétuellement la pensée dans le fait est un homme de génie; mais l'homme qui a le plus de génie ne le déploie pas à tous les instants, il ressemblerait trop à Dieu.

L'extrême chaleur, l'extrême malheur, le bonheur complet, tous les principes absolus trônent sur des espaces dénués de productions : ils veulent être seuls, ils étouffent tout ce qui n'est pas eux.

❦

La bonté n'est pas sans écueils : on l'attribue au caractère, on veut rarement y reconnaître les efforts secrets d'une belle âme, tandis qu'on récompense les gens méchants du mal qu'ils ne font pas.

❦

La société ne perd jamais ses droits : elle veut toujours être amusée.

❦

La gloire est un poison bon à prendre par petites doses.

❦

Les voleurs, les espions, les amants, les diplomates, enfin tous les esclaves, connaissent seuls les ressources et les réjouissances du regard. Eux seuls savent tout ce qu'il tient d'intelligence, de douceur, d'esprit, de colère et de scélératesse dans les modifications de cette lumière chargée d'âme.

❦

Le suicide ne doit-il pas être le dernier mot des sociétés incrédules? Le désespoir est en raison des espérances, et il n'a bien souvent pour issue que la tombe.

⬦

Sous aucun régime il n'y a eu si peu de gens posés, casés, arrivés qu'aujourd'hui. Tout le monde est en marche vers quelque but; on trotte après la fortune. Le temps est devenu la plus chère denrée; personne ne peut se livrer à la prodigieuse prodigalité de rentrer chez soi le lendemain pour se réveiller tard.

⬦

Je suis encore à comprendre comment le souverain qui voulait faire balayer sa cour par le satin ou le velours des robes ducales, n'a pas établi pour certaines familles le droit d'aînesse par d'indestructibles lois. Napoléon n'a pas deviné les effets de ce code qui le rendait si fier. Cet homme en créant ses duchesses engendrait nos femmes comme il faut d'aujourd'hui, le produit médiat de sa législation.

⬦

L'épigramme, ce livre en un mot, ne tombe plus, comme pendant le dix-neuvième siècle; ni sur les personnes, ni sur les choses, mais sur des événements mesquins, et meurt avec la journée.

❧

Ne se rencontre-t-il pas beaucoup d'hommes dont la nullité profonde est un secret pour la plupart des gens qui les connaissent? Un haut rang, une illustre naissance, d'importantes fonctions, un certain vernis de politesse, une grande réserve dans la conduite, ou les prestiges de la fortune, sont, pour eux, comme des gardes qui empêchent les critiques de pénétrer jusqu'à leur intime existence. Si, grâce à ces conspirations domestiques, beaucoup de niais passent pour des hommes supérieurs, ils compensent le nombre d'hommes supérieurs qui passent pour des niais, en sorte que l'état social a toujours la même masse de capacités apparentes.

❧

La famille existe-t-elle? Je nie la famille dans une société qui, à la mort du père ou de la mère, partage les biens et dit à chacun d'aller de son côté. La famille est une association temporaire et fortuite que dissout promptement la mort. Nos lois ont brisé les maisons, les héritages, la pérennité

des exemples et des traditions. Je ne vois que dé-
combres autour de moi.

⟨ornament⟩

Où trouver de l'énergie à Paris? Un poignard
est une curiosité que l'on y suspend à un clou
doré, que l'on pare d'une jolie gaîne. Femmes,
idées, sentiments, tout s'y ressemble. Il n'y existe
plus de passions, parce que les individualités ont
disparu. Les rangs, les esprits, les fortunes ont
été nivelés, et nous avons tous pris l'habit noir,
comme pour nous mettre en deuil de la France.

⟨ornament⟩

La beauté, les vertus ne sont pas des valeurs
dans notre bazar humain, et vous nommez *société*
ce repaire d'égoïsme! Mais exhérédez les femmes!
au moins accomplirez-vous ainsi une loi de nature
en choisissant vos compagnes, en les épousant au
gré des vœux du cœur.

⟨ornament⟩

Qui pourra jamais expliquer, peindre ou comprendre Napoléon? Un homme qu'on représente les

bras croisés, et qui a tout fait! qui a été le plus beau
pouvoir connu, le pouvoir le plus concentré, le plus
mordant, le plus acide de tous les pouvoirs; singulier génie qui a promené partout la civilisation
armée sans la fixer nulle part; un homme qui pouvait tout faire, parce qu'il voulait tout; prodigieux
phénomène de volonté, domptant une maladie par
une bataille, et qui cependant devait mourir de
maladie dans son lit après avoir vécu au milieu des
balles et des boulets; un homme qui avait dans la
tête un code et une épée, la parole et l'action;
esprit perspicace qui a tout deviné, excepté sa
chute; politique bizarre qui jouait les hommes à
poignées par économie, et qui respecta trois têtes,
celles de Talleyrand, de Pozzo di Borgo et de Met-
ternich, diplomates dont la mort eût sauvé l'empire
français, et qui lui paraissaient peser plus que des
milliers de soldats; homme auquel, par un rare
privilége, la nature avait laissé un cœur dans son
corps de bronze; homme rieur et bon à minuit entre des femmes, et le matin maniant l'Europe comme
une jeune fille qui s'amuserait à fouetter l'eau de
son bain! Hypocrite et généreux, aimant le clin-
quant et le simple, sans goût et protégeant les arts;
malgré ces antithèses, grand en tout par instinct
ou par organisation; César à vingt-cinq ans, Cromwell à trente; puis, comme un épicier du Père-

Lachaise, bon père et bon époux. Enfin, il a improvisé des monuments, des empires, des rois, des codes, des vers, un roman, et le tout avec plus de portée que de justesse. N'a-t-il pas voulu faire de l'Europe la France? Et après nous avoir fait peser sur la terre de manière à changer les lois de la gravitation, il nous a laissés plus pauvres que le jour où il avait mis la main sur nous. Et lui, qui avait pris un empire, avec son nom, perdit son nom au bord de son empire, dans une mer de sang et de soldats. Homme tout pensée et tout action qui comprenait Desaix et Fouché!

La raison est toujours mesquine auprès du sentiment; l'une est naturellement bornée, comme tout ce qui est positif, et l'autre est infini. Raisonner là où il faut sentir est le propre des âmes sans portée.

Il existe des pensées auxquelles nous obéissons sans les connaître; elles sont en nous à notre insu. Quoique cette réflexion puisse paraître plus paradoxale que vraie, chaque personne de bonne foi en trouvera mille preuves dans sa vie.

Certaines figures humaines sont de despotiques images qui vous parlent, vous interrogent, qui répondent à vos pensées secrètes et sont même des poëmes entiers.

&#10148;&#10148;&#10148;

Les douleurs des esprits supérieurs ont je ne sais quoi de grandiose et d'imposant, elles révèlent d'immenses étendues d'âme que la pensée du spectateur étend encore. Ces âmes partagent les priviléges de la royauté dont les affections tiennent à un peuple et qui frappent alors tout un monde.

&#10148;&#10148;&#10148;

Quand un esprit fortement trempé se construit une retraite comme Richelieu à Brouage, et se dessine une fin grandiose, il s'en fait comme un point d'appui qui l'aide à triompher. Napoléon n'avait pas de retraite : un empire est dans le cas de Dieu, il ne peut qu'être ou n'être pas.

&#10148;&#10148;&#10148;

Aucun code, aucune institution humaine, ne peut prévenir le crime moral qui tue par un mot. Là est le défaut des justices sociales. Là est la différence qui se trouve entre les mœurs du grand monde et les mœurs du peuple : l'un est franc, l'autre est hypocrite ; à l'un le couteau, à l'autre le venin du langage ou des idées ; à l'un la mort, à l'autre l'impunité.

Si dans toute circonstance un homme ne tourne pas autour des choses ou des idées pour les examiner sous leurs différentes faces, cet homme est incomplet et faible, partant, en danger de périr.

Savoir s'ennuyer à propos est une des conditions de toute espèce de pouvoir.

Paris est encore le pays d'où sourd le plus abondamment la fortune. Le Potose est situé rue Vivienne ou rue de la Paix, à la place Vendôme ou rue de Rivoli. En toute autre contrée, des œuvres matérielles, des sueurs de commissionnaire, des marches et contre-marches sont nécessaires à l'édification d'une fortune ; mais ici les pensées suffisent. Ici tout homme, même médiocrement spirituel, aperçoit une mine d'or en mettant ses pantoufles ;

en se curant les dents après dîner, en se couchant, en se levant. Trouvez un lieu du monde où une bonne idée, bien bête, rapporte davantage et soit plutôt comprise.

❦

La politique est impossible sans un homme d'honneur avec qui l'on puisse tout dire et tout faire.

❦

Le grand secret de l'alchimie sociale est de tirer tout le parti possible de chacun des âges par lesquels nous passons, d'avoir toutes ses feuilles au printemps, toutes ses fleurs en été, tous les fruits en automne.

❦

En travaillant pour les masses, l'industrie moderne va détruisant les créations de l'art antique, dont les travaux étaient tout personnels au consommateur comme à l'artisan. Nous avons des *produits*, nous n'avons plus d'*œuvres*.

❦

Aujourd'hui les beaux hôtels se vendent, sont abattus et font place à des rues. Personne ne sait si sa génération gardera le logis patrimonial, où chacun passe comme dans une auberge ; tandis qu'autrefois en bâtissant une demeure, on travaillait, on croyait du moins travailler pour une famille éternelle, De là, la beauté des hôtels. La foi en soi faisait des prodiges autant que la foi en Dieu.

※

Toute nature supérieure a dans la forme de légères imperfections qui deviennent d'irrésistibles attraits, des points lumineux où brillent les sentiments opposés, où s'arrêtent les regards. Une parfaite harmonie annonce la froideur des organisations mixtes.

※

Une haine avouée est impuissante.

※

Peut-être ne doit-on jamais prononcer qui a tort ou raison de l'enfant ou de la mère. Entre ces deux cœurs, il n'y a qu'un seul juge possible : ce juge, c'est Dieu ! Dieu qui souvent assied sa vengeance au sein des familles, et se sert éternellement des enfants contre les mères, des pères contre les fils, des peuples contre les rois, des princes contre les nations, de tout contre tout; remplaçant dans le monde moral les sentiments par les sentiments, comme les jeunes feuilles poussent les vieilles au printemps; agissant en vue d'un ordre immuable, d'un but à lui seul connu sans doute, chaque chose va dans son sein, ou, mieux encore, elle y retourne.

Le ciel et l'enfer sont deux grands poëmes qui formulent les deux seuls points sur lesquels tourne notre existence : la joie ou la douleur. Le ciel n'est-il pas, ne sera-t-il pas toujours une image de l'infini de nos sentiments qui ne sera jamais peinte que dans ses détails, parce que le bonheur est un; et l'enfer ne représente-t-il pas les tortures infinies de nos douleurs dont nous pouvons faire œuvre de poésie, parce qu'elles sont toutes dissemblables?

Les questions personnelles en fait de roi sont aujourd'hui des sottises sentimentales, il faut en déblayer la politique. Sous ce rapport, les Anglais avec leur façon de doge mâle ou femelle sont plus avancés que nous ne le sommes. La politique n'est plus là; elle est dans l'impulsion à donner à la nation en créant une oligarchie, où demeure une pensée fixe de gouvernement et qui dirige les affaires publiques dans une voie droite, au lieu de laisser tirailler le pays en mille sens différents, comme nous l'avons été depuis quarante ans dans cette belle France, si intelligente et si niaise, si folle et si sage, à laquelle il faudrait un système plutôt que des hommes. Que sont les personnes dans cette belle question? Si le but est grand, si elle vit plus heureuse et sans troubles, qu'importe à la masse les profits de notre gérance, notre fortune, nos priviléges et nos plaisirs?

Une fois que Dieu est reconnu par l'incrédule, il se jette dans le catholicisme absolu, lequel, vu comme système, est complet.

La douleur, de même que le plaisir, a son initiation. C'est le premier coin de la question du cœur, les autres sont attendus, le brisement des nerfs est connu, le capital de nos forces a fait son versement pour une énergique résistance.

La plupart des drames sont dans les idées que nous nous formons des choses. Les événements qui nous paraissent dramatiques ne sont que les sujets que notre âme convertit en tragédie ou en comédie, au gré de notre caractère.

❧❧

L'inconnu, c'est l'infini obscur, et rien n'est plus attachant. Il s'élève de cette sombre étendue des feux qui la sillonnent par moments et qui colorent des fantaisies à la Martynn.

❧❧

Peut-être une des plus grandes jouissances que puissent éprouver les petits esprits ou les êtres inférieurs est-elle de jouer les grandes âmes et de les prendre au piége.

❧❧

L'égalité moderne, développée de nos jours outre mesure, a nécessairement développé dans la vie privée, sur une ligne parallèle à la vie politique, l'orgueil, l'amour-propre, la vanité, les trois grandes divisions du *moi* social. Les sots veulent passer pour gens d'esprit, veulent être gens de talent ; les gens de talent veulent être traités de gens de génie ;

quant aux gens de génie, ils sont plus raisonnables, ils consentent à n'être que des demi-dieux. Cette pente de l'esprit public actuel, qui rend à la chambre le manufacturier jaloux de l'homme d'État et l'administrateur jaloux du poëte, pousse les sots à dénigrer les gens d'esprit, les gens d'esprit à dénigrer les gens de talent, les gens de talent à dénigrer ceux d'entre eux qui les dépassent de quelques pouces, et les demi-dieux à menacer les institutions, le trône, enfin tout ce qui ne les adore pas sans condition. Dès qu'une nation a très-impolitiquement abattu les supériorités sociales reconnues, elle ouvre des écluses par où se précipite un torrent d'ambitions secondaires dont la moindre veut encore primer ; elle avait dans son aristocratie un mal, au dire des démocrates, mais un mal défini, circonscrit ; elle l'échange contre dix aristocraties contendantes et armées, la pire des situations. En proclamant l'égalité de tous, on a promulgué la déclaration des droits de l'envie. Nous jouissons aujourd'hui des saturnales de la révolution transportées dans le domaine, paisible en apparence, de l'esprit, de l'industrie et de la politique ; aussi semble-t-il aujourd'hui que les réputations dues au travail, aux services rendus, au talent, sont des priviléges accordés aux dépens de la masse. On étendra bientôt la loi agraire jusque dans le champ de la gloire. Donc, jamais dans aucun temps on n'a demandé le triage de son nom sur le volet public à des motifs plus puérils. On se distingue à tout prix par le ridicule, par une affectation d'amour pour quelque cause nationale étrangère à la nôtre, pour le système pénitentiaire, pour l'avenir des forçats libérés, pour les petits mauvais sujets au-dessus ou au-dessous de douze ans, pour toutes les misères sociales. Ces diverses manies créent des dignités postiches, des présidents, des vice-présidents et des secrétaires de sociétés dont le nombre dépasse à Paris celui des questions sociales qu'on cherche à y résoudre. On a démoli la grande société pour en faire un millier de petites à l'image de la défunte. Ces organisations parasites ne révèlent-elles pas la décomposition? N'est-ce pas le fourmillement des vers dans le cadavre? Toutes ces sociétés sont filles de la même mère, la *vanité*. Ce n'est pas ainsi que procèdent la charité catholique ou la vraie bienfaisance, elles étudient les maux sur les plaies en les guérissant, et ne pérorent pas en assemblée sur les principes morbifiques pour le plaisir de pérorer.

Les sots recueillent plus d'avantages de leur faiblesse que les gens d'esprit n'en obtiennent de leur force. On regarde sans l'aider un grand homme luttant contre le sort, et l'on commandite un épicier qui fera faillite; car on se croit supérieur en protégeant un imbécile, et l'on est fâché de n'être que l'égal d'un homme de génie.

On amplifie également le malheur et le bonheur. Nous ne sommes jamais ni si malheureux, ni si heureux qu'on le dit.

Il est extrêmement rare de trouver un accord entre le talent et le caractère. Les facultés ne sont pas le résumé de l'homme. Cette séparation, dont les phénomènes étonnent, provient d'un mystère inexploré, peut-être inexplorable. Le cerveau, ses produits en tout genre, car dans les arts la main de l'homme continue sa cervelle, sont un monde à part qui fleurit sous le crâne, dans une indépendance parfaite des sentiments, de ce qu'on nomme les vertus du citoyen, du père de famille, de l'homme privé. Ceci n'est cependant pas absolu. Rien n'est absolu dans l'homme. Il est certain que le débauché dissipera son talent, que le buveur le dépensera dans ses libations, sans que l'homme

vertueux puisse se donner du talent par une honnête hygiène; mais il est aussi presque prouvé que
Virgile, le peintre de l'amour, n'a jamais aimé de
Didon, et que Rousseau, le citoyen modèle, avait
de l'orgueil à défrayer toute une aristocratie. Néanmoins, Michel-Ange et Raphaël ont offert l'heureux
accord du génie, de la forme et du caractère. Le
talent, chez les hommes, est donc à peu près,
quant au moral, ce qu'est la beauté chez les femmes, une promesse. Admirons deux fois l'homme
chez qui le cœur et le caractère égalent en perfection le talent.

⋞⋟

Tout grand sentiment est un poëme tellement
individuel, que votre meilleur ami lui-même ne
s'y intéresse pas. C'est un trésor qui n'est qu'à
vous.

⋞⋟

Le premier mouvement est la voix de la nature,
et le second est celle de la société.

⋞⋟

Peut-être les émotions douces sont-elles peu
littéraires.

⋞⋟

La poésie est un des agréments de la vie; elle n'est pas toute la vie.

La tristesse engendrée par le renversement de toutes nos espérances est une maladie; elle donne souvent la mort. Ce ne sera pas une des moindres occupations de la physiologie actuelle que de rechercher par quelles voies, par quels moyens une pensée arrive à produire la même désorganisation qu'un poison; comment le désespoir ôte l'appétit, détruit le pylore et change toutes les conditions de la plus forte vie.

Il n'y aura plus de grands hommes d'État, il y aura seulement des hommes qui toucheront plus ou moins aux événements.

Ce gramen prétend que l'homme construit ses palais pour le loger, et il fait choir un jour les marbres les plus solidement assemblés, comme le peuple introduit dans l'édifice de la féodalité l'a jeté par terre. La puissance du faible qui peut se

glisser partout est plus grande que celle du fort
qui se repose sur ses canons.

⊱⊰

L'homme de génie a dans la conscience de son
talent et dans la solidité de la gloire comme une
garenne où son orgueil légitime s'exerce et prend
l'air sans gêner personne. Puis, sa lutte constante
avec les hommes et les choses ne lui laisse pas le
temps de se livrer aux coquetteries que se permettent les héros de la mode qui se hâtent de récolter
les moissons d'une saison fugitive, et dont la vanité,
l'amour-propre ont l'exigence et les taquineries
d'une douane âpre à percevoir ses droits sur tout
ce qui passe à sa portée.

⊱⊰

A Paris, il existe presque autant de royautés
qu'il s'y trouve d'arts différents, de spécialités morales, de sciences, de professions; et le plus fort
de ceux qui les pratiquent a sa majesté qui lui est
propre, il est apprécié, respecté par ses pairs qui
connaissent les difficultés du métier, et dont l'admiration est acquise à qui peut s'en jouer.

⊱⊰

Certainement la morale ne change pas, elle est une; mais ses obligations varient selon les sphères. De même que le soleil éclaire diversement les sites, y produit les différences que nous admirons, elle conforme le devoir social au rang, aux positions. La peccadille du soldat est un crime chez le général, et réciproquement. Les observances ne sont pas les mêmes pour une paysanne qui moissonne, pour une ouvrière à quinze sous par jour, pour la fille d'un petit détaillant, pour la jeune bourgeoise d'une riche maison de commerce, pour la jeune héritière d'une noble famille, pour une fille de la maison d'Este. Un roi ne doit pas se baisser pour ramasser une pièce d'or, et le laboureur doit retourner sur ses pas pour retrouver dix sous perdus, quoique l'un et l'autre doivent obéir aux lois de l'économie.

Dieu, dans sa prévoyance, a donné des aliments et des vêtements à l'homme, et il ne lui a pas donné directement l'art! Il a dit à l'homme : — « Pour vivre, tu te courberas vers la terre; pour penser, tu t'élèveras vers moi! » Nous avons autant besoin de la vie de l'âme que de celle du corps. De là, deux utilités. Ainsi, bien certainement on ne se chausse pas d'un livre. Un chant d'épopée

ne vaut pas, au point de vue utilitaire, une soupe
économique du bureau de bienfaisance. La plus
belle idée remplacerait difficilement la voile d'un
vaisseau. Certes, une marmite autoclave, en se
soulevant de deux pouces sur elle-même, nous
procure le calicot à cinq sous le mètre meilleur
marché; mais cette machine et les perfections de
l'industrie ne soufflent pas la vie à un peuple, et
ne diront pas à l'avenir qu'il a existé; tandis que
l'art égyptien, l'art mexicain, l'art grec, l'art ro-
main, avec leurs chefs-d'œuvre taxés d'inutiles,
ont attesté l'existence de ces peuples dans le vaste
espace des temps, là où de grandes nations inter-
médiaires dénuées d'hommes de génie ont disparu
sans laisser sur le globe leur carte de visite! Toutes
les œuvres du génie sont le *summum* d'une civilisation, et présupposent une immense utilité. Certes
une paire de bottes ne l'emporte pas à mes yeux
sur une pièce de théâtre, et vous ne préférerez
pas un moulin à l'église de Saint-Ouen? Eh bien,
un peuple est animé du même sentiment qu'un
homme, et l'homme a pour idée favorite de se
survivre à lui-même moralement, comme il se re-
produit physiquement. La survie d'un peuple est
l'œuvre de ses hommes de génie.

.

Le silence est, pour tous les êtres attaqués, le seul moyen de triompher : il lasse les charges cosaques des envieux, les sauvages escarmouches des ennemis; il donne une victoire écrasante et complète. Quoi de plus complet que le silence? Il est absolu. N'est-ce pas une des manières d'être de l'infini?

La vie est une suite de combinaisons, et il faut les étudier, les suivre, pour arriver à se maintenir toujours en bonne position.

Nous avons en nous un sentiment du juste, chez l'homme le plus civilisé comme chez le plus sauvage, qui ne nous permet pas de jouir en paix du bien mal acquis selon les lois de la société dans laquelle nous vivons, car les sociétés bien constituées sont modelées sur l'ordre même imposé par Dieu aux mondes. Les sociétés sont en ceci d'origine divine. (L'homme ne trouve pas d'idées, il n'invente pas de formes, il imite les rapports éternels qui l'enveloppent de toutes parts.) Aussi voyez ce qui arrive. Aucun criminel, allant à l'échafaud et pouvant emporter le secret de ses crimes, ne se laisse

trancher la tête sans faire des aveux auxquels il est
poussé par une mystérieuse puissance.

Les petits esprits ont besoin de despotisme pour
le jeu de leurs nerfs, comme les grandes âmes ont
soif d'égalité pour l'action du cœur. Or les êtres
étroits s'étendent aussi bien par la persécution que
par la bienfaisance. Ils peuvent s'attester leur puissance par un empire ou cruel ou charitable sur
autrui, mais ils vont du côté où les pousse leur
tempérament. Ajoutez le véhicule de l'intérêt, et
vous aurez l'énigme de la plupart des choses
sociales.

Examinons l'humanité dans l'histoire. Toutes les familles nobles du onzième siècle, aujourd'hui presque
toutes éteintes, moins la race royale des Capets,
toutes ont nécessairement coopéré à la naissance
d'un Rohan, d'un Montmorency, d'un Bauffremont,
d'un Mortemart d'aujourd'hui; enfin toutes seront
nécessairement dans le sang du dernier gentilhomme vraiment gentilhomme. En d'autres termes,
tout bourgeois est cousin d'un bourgeois, tout
noble est cousin d'un noble. Comme le dit la
sublime page des généalogies bibliques, en mille

ans, trois familles, Sem, Cham et Japhet, peuvent couvrir le globe de leurs enfants. Une famille peut devenir une nation, et malheureusement une nation peut redevenir une simple famille. Pour le prouver, il suffit d'appliquer à la recherche des ancêtres et à leur accumulation que le temps accroît dans une rétrograde progression géométrique multipliée par elle-même, le calcul de ce sage qui, demandant à un roi de Perse, pour récompense d'avoir inventé le jeu d'échecs, un épi de blé pour la première case de l'échiquier et doublant toujours, démontra que le royaume ne suffirait pas à le payer. Le lacis de la noblesse embrassé par le lacis de la bourgeoisie, cet antagonisme de deux sangs protégés, l'un par des institutions immobiles, l'autre par l'active patience du travail et par la ruse du commerce, a produit la révolution de 1789. Les deux sangs presque réunis se trouvent aujourd'hui face à face avec des collatéraux sans héritage. Que feront-ils? Notre avenir politique est gros de la réponse.

Les poëtes ne sont grands que parce qu'ils savent revêtir les faits ou les sentiments d'images éternellement vivantes.

Peut-être nos sentiments obéissent-ils aux lois de la nature sur la durée et les créations ; à longue vie, longue enfance.

⧉

Les avares ne croient point à une vie à venir : le présent est tout pour eux. Cette réflexion jette une effroyable clarté sur l'époque actuelle, où, plus qu'en aucun autre temps, l'argent domine les lois, la politique et les mœurs. Institutions, livres, hommes et doctrines, tout conspire à miner la croyance d'une vie future sur laquelle l'édifice social est appuyé depuis dix-huit cents ans. Maintenant le cercueil est une transition peu redoutée. L'avenir qui nous attendait par delà le *Requiem* a été transporté dans le présent. Arriver *per fas et nefas* au paradis terrestre du luxe et des jouissances vaniteuses, pétrifier son cœur et se macérer le corps en vue de possessions passagères comme on souffrait jadis le martyre de la vie en vue de biens éternels, est la pensée générale ! Pensée d'ailleurs écrite partout, jusque dans les lois, qui demandent au législateur : Que payes-tu ? au lieu de lui dire : Que penses-tu ? Quand cette doctrine aura passé de la bourgeoisie au peuple, que deviendra le pays ?

⧉

Combien de lampes merveilleuses faut-il avoir maniées pour reconnaître que la vraie lampe merveilleuse est ou le hasard, ou le travail, ou le génie?

❧

De même qu'en marchant dans les forêts, certains terrains laissent deviner par le son qu'ils rendent sous les pas, de grandes masses de pierre ou le vide, de même, l'égoïsme en bloc caché sous les fleurs de la politesse, et les souterrains minés par le malheur sonnent creux au contact perpétuel de la vie intime.

❧

Les gens conduits par l'instinct ont ce désavantage sur les gens à idées, qu'ils sont promptement devinés : les inspirations de l'instinct sont trop naturelles et s'adressent trop aux yeux pour ne pas être aperçues aussitôt. Tandis que pour être pénétrées, les conceptions de l'esprit exigent une intelligence égale de part et d'autre.

❧

L'avarice et la charité se trahissent par des effets semblables; la charité se fait dans le ciel le trésor que l'avare se fait sur la terre.

❧

Toute œuvre d'art, qu'il s'agisse de la littérature, de la musique, de la peinture, de la sculpture ou de l'architecture, implique une utilité sociale, positive, égale à celle de tous les autres produits commerciaux. L'art est le commerce par excellence, il le sous-entend. Un livre, aujourd'hui, fait empocher à son auteur quelque chose comme dix mille francs, et sa fabrication suppose l'imprimerie, la papeterie, la librairie, la fonderie, c'est-à-dire des milliers de bras en action. L'exécution d'une symphonie de Beethoven ou d'un opéra de Rossini demande tout autant de bras, de machines, de fabrications.

Tout est vrai et tout est faux! Il y a pour les vérités morales comme pour les créatures, des milieux où elles changent d'aspect au point d'être méconnaissables.

Ne pas écouter est non-seulement un manque de politesse, mais une marque de mépris. Si d'un homme haut placé cette impertinence s'accepte sans protêt, elle engendre au fond des cœurs un levain de haine et de vengeance; mais d'un égal, elle va jusqu'à dissoudre l'amitié. Rien ne rapporte plus dans le commerce du monde que l'aumône de l'attention.

❧

Les hommes réellement instruits, les politiques à qui les affaires donnent et une expérience consommée et l'habitude de la parole, sont d'adorables conteurs, quand ils savent conter. Il n'est pas de milieu pour eux : ou ils sont lourds, ou ils sont sublimes. Taillée à facettes comme le diamant, la plaisanterie des hommes d'État est nette, étincelante et pleine de sens.

❧

L'ordre moral a ses lois, elles sont implacables, et l'on est toujours puni de les avoir méconnues. Il en est une surtout à laquelle l'animal lui-même obéit sans discussion, et toujours. C'est celle qui nous ordonne de fuir quiconque nous a nui une première fois, avec ou sans intention, volontairement ou involontairement. La créature de qui nous avons reçu dommage ou déplaisir nous sera toujours funeste. Quel que soit son rang, à quelque degré d'affection qu'elle nous appartienne, il faut rompre avec elle ; elle nous est envoyée par notre mauvais génie. Quoique le sentiment chrétien s'oppose à cette conduite, l'obéissance à cette loi terrible est essentiellement sociale et conservatrice. La fille de Jacques II, qui s'assit sur le trône de son père, avait dû lui faire plus d'une blessure avant l'usurpation. Judas avait certainement donné quelque coup meurtrier à Jésus avant de le trahir. Il est en nous une vue intérieure, l'œil de l'âme, qui pressent les catastrophes, et la répugnance que nous éprouvons pour cet être fatal est le résultat de cette prévision. Si la religion nous ordonne de la vaincre, il nous reste la défiance, dont la voix doit être incessamment écoutée.

Rien dans la vie n'exige plus d'attention que les choses qui paraissent naturelles, on se défie toujours assez de l'extraordinaire; aussi voyez-vous les hommes d'expérience, les avoués, les juges, les médecins, les prêtres, attachant une énorme importance aux affaires simples : on les trouve méticuleux. Combien de fois les sots, pour s'excuser à leurs propres yeux et à ceux des autres, s'écrient-ils : « C'était si simple que tout le monde y aurait été pris! »

La loterie, cette passion si universellement condamnée, n'a jamais été étudiée. Personne n'y a vu l'opium de la misère. La loterie, la plus puissante fée du monde, ne développait-elle pas des espérances magiques? Le coup de roulette qui faisait voir aux joueurs des masses d'or et de jouissance ne durait que ce que dure un éclair; tandis que la loterie donnait cinq jours d'existence à ce magnifique éclair. Quelle est aujourd'hui la puissance sociale qui peut pour quarante sous vous rendre heureux pendant cinq jours et vous livrer idéalement tous les bonheurs de la civilisation? Le tabac, impôt mille fois plus immoral que le jeu, détruit le corps, attaque l'intelligence, il hébète une nation; tandis que la loterie ne causait pas le moindre malheur de ce genre. Cette passion était d'ailleurs forcée de se régler et par la distance qui séparait les tirages et par la roue que chaque joueur affectionnait.

***

Ce qui rend le peuple si dangereux, c'est qu'il a pour tous ses crimes une absolution dans ses poches.

***

Les gens sans esprit ressemblent aux mauvaises herbes qui se plaisent dans les bons terrains, et ils aiment d'autant plus être amusés qu'ils s'ennuient eux-mêmes. L'incarnation de l'ennui dont ils sont victimes, jointe au besoin qu'ils éprouvent de divorcer perpétuellement avec eux-mêmes, produit cette passion pour le mouvement, cette nécessité d'être toujours là où ils ne sont pas, qui les distingue, ainsi que les êtres dépourvus de sensibilité, et ceux dont la destinée est manquée, ou qui souffrent par leur faute.

La vie habituelle fait l'âme, et l'âme fait la physionomie.

Il existe à Paris trois ordres de misère. D'abord la misère de l'homme qui conserve les apparences et à qui l'avenir appartient : misère des jeunes gens, des artistes, des gens du monde momentanément atteints. Les indices de cette misère ne sont visibles qu'au microscope de l'observateur le plus exercé. Ces gens constituent l'ordre équestre de la misère; ils vont en cabriolet. Dans le second ordre se trouvent les vieillards, à qui tout est indifférent, qui mettent au mois de juin la croix de la Légion d'honneur sur une redingote d'alpaga. C'est la misère des vieux rentiers, des vieux employés qui vivent à Sainte-Périne et qui du vêtement extérieur ne se soucient plus guère. Enfin, la misère en haillons, la misère du peuple, la plus poétique d'ailleurs, et que Callot, qu'Hogarth, que Murillo, Charlet, Raffet, Gavarni, Meissonnier, que l'art adore et cultive, au carnaval surtout!

Certainement le cerveau n'obéit qu'à ses propres lois; il ne reconnaît ni les nécessités de la vie ni les commandements de l'honneur. On ne produit pas une belle œuvre parce qu'une femme expire, ou pour payer des dettes déshonorantes, ou pour nourrir des enfants. Néanmoins, il n'existe pas de grand talent sans une grande volonté. Ces deux forces jumelles sont nécessaires à la construction de l'immense édifice d'une gloire. Les hommes d'élite maintiennent leur cerveau dans les conditions de la production, comme jadis un preux avait ses armes toujours en état. Ils domptent la paresse, ils se refusent aux plaisirs énervants, ou n'y cèdent qu'avec une mesure indiquée par l'étendue de leurs facultés. Ainsi s'expliquent Rossini, Walter Scott, Cuvier, Voltaire, Newton, Buffon, Bayle, Bossuet, Leibnitz, Lope de Véga, Calderon, Boccace, l'Arétin, Aristote, enfin tous les gens qui char-

ment, régentent ou conduisent leur époque. La
volonté peut, et doit être un sujet d'orgueil bien
plus que le talent. Si le talent a son germe dans
une prédisposition cultivée, le vouloir est une conquête faite à tout moment sur les instincts, sur les
goûts domptés, refoulés, sur les fantaisies et les en-
traves vaincues, sur les difficultés de tout genre
héroïquement surmontées.

---

N'en déplaise aux faiseurs d'idylles ou aux phi-
lanthropes, les gens de la campagne ont peu de
notions sur certaines vertus; et chez eux les scru-
pules viennent d'une passion intéressée et non
d'un sentiment de bien ou de beau; élevés en vue
de la pauvreté, du travail constant, de la misère,
cette perspective leur fait considérer tout ce qui
peut les tirer de l'enfer de la faim et du labeur
éternel, comme permis, surtout quand la loi ne s'y
oppose pas. S'il y a des exceptions, elles sont très-
rares. La vertu, socialement parlant, est la compagne
du bien-être et commence à l'instruction.

---

Généralement le créancier est une sorte de ma-
niaque. Aujourd'hui prêt à conclure, demain il

veut mettre tout à feu et à sang; plus tard, il se fait ultradébonnaire. Aujourd'hui sa femme est de bonne humeur, son petit dernier a fait ses dents, tout va bien au logis, il ne veut pas perdre un sou; demain il pleut, il ne peut pas sortir; il est mélancolique, il dit oui à toutes les propositions qui peuvent terminer une affaire; le surlendemain, il lui faut des garanties; à la fin du mois, il prétend vous exécuter, le bourreau! Le créancier ressemble à ce moineau franc à la queue duquel on engage les petits enfants à poser un grain de sel : mais le créancier rétorque cette image contre sa créance, de laquelle il ne peut rien saisir.

Jamais l'homme d'esprit ne se baisse pour examiner les bourgeois qui lui échappent à la faveur de cette inattention; et pendant qu'il se moque d'eux, ils ont le temps de le garrotter.

Il y a deux timidités : la timidité d'esprit, la timidité de nerfs; une timidité physique et une timidité morale. L'une est indépendante de l'autre. Le corps peut avoir peur et trembler pendant que l'esprit reste calme et courageux, et *vice versâ*. Ceci donne la clef de bien des bizarreries morales. Quand les deux timidités se réunissent chez un homme, il sera nul toute sa vie. Cette timidité est celle des gens dont nous disons : *C'est un imbécile.* Il se cache souvent dans ces imbéciles de grandes qualités comprimées. Peut-être devons-nous à cette double infirmité quelques moines qui ont vécu dans l'extase. Cette malheureuse disposition physique et morale est produite aussi bien par la perfection des organes et par celle de l'âme que par des défauts encore inobservés.

---

Il n'y a plus de noblesse, il n'y a plus que de l'aristocratie. Le Code civil de Napoléon a tué les parchemins comme le canon avait tué la féodalité.

---

Avoir une prétention et la justifier est l'impertinence de la force ; mais être au-dessous de ses prétentions avouées constitue un ridicule constant dont se repaissent les petits esprits.

---

La nature morale se distingue de la nature physique en ceci : que rien n'y est absolu. L'intensité des effets est en raison de la portée des caractères, ou des idées que nous groupons autour d'un fait.

Les lois pénales ont été faites par des gens qui n'ont pas connu le malheur.

Il semble vraiment que les maladies morales soient des créatures qui ont leurs appétits, leurs instincts, et qui veulent augmenter l'espace et leur empire comme un propriétaire veut augmenter son domaine.

Le génie procède de deux manières : ou il prend son bien comme Napoléon et Molière, aussitôt qu'il le voit, ou il attend qu'on le vienne chercher quand il s'est patiemment révélé.

Ce qui distingue Napoléon d'un porteur d'eau n'est sensible que pour la société : cela ne fait rien à la nature. Aussi, la démocratie qui se refuse à l'inégalité des conditions en appelle-t-elle sans cesse à la nature.

Les gens faibles se rassurent aussi facilement qu'ils se sont effrayés.

※

N'y a-t-il pas toujours, moralement parlant, un comédien dans un poëte? Entre exprimer des sentiments qu'on n'éprouve pas, mais dont on conçoit toutes les variantes, et les feindre quand on en a besoin pour obtenir un succès sur le théâtre de la vie privée, la différence est grande; néanmoins, si l'hypocrisie nécessaire à l'homme du monde a gangrené le poëte, il arrive à transporter les facultés de son talent dans l'expression d'un sentiment nécessaire, comme le grand homme voué à la solitude finit par transborder son cœur dans son esprit.

※

Le poëte a sa mission. Il est destiné par sa nature à voir la poésie des questions, de même qu'il exprime celle de toute chose; aussi, là, où vous le croyez en opposition avec lui-même, est-il fidèle à sa vocation. C'est le peintre faisant également bien une madone et une courtisane. Molière a raison dans ses personnages de vieillard et dans ceux de ses jeunes gens, et Molière avait certes le jugement sain. Ces jeux de l'esprit, corrupteurs chez

les hommes secondaires, n'ont aucune influence
sur le caractère chez les vrais grands hommes.

⁂

Il n'existe pas, ou plutôt il existe rarement de
criminel qui soit complétement criminel. A plus
forte raison rencontrera-t-on difficilement de mal-
honnêteté compacte. On peut faire des comptes à
son avantage avec son patron, ou tirer à soi le plus
de paille possible au râtelier ; mais tout en se cons-
tituant un capital par des voies plus ou moins
licites, il est peu d'hommes qui ne se permettent
quelques bonnes actions. Ne fût-ce que par curiosité, par amour-propre, comme contraste, par
hasard, tout homme a eu son moment de bienfaisance ; il le nomme son erreur, il ne recommence
pas ; mais il sacrifie au bien, comme le plus bourru
sacrifie aux Grâces, une ou deux fois dans sa vie.

⁂

Tout pouvoir humain est un composé de patience
et de temps. Les gens puissants veulent et veillent.
La vie de l'avare est un constant exercice de la
puissance humaine mise au service de la personnalité. Il ne s'appuie que sur deux sentiments :
l'amour-propre et l'intérêt ; mais l'intérêt étant en

quelque sorte l'amour-propre solide et bien entendu, l'attestation continue d'une supériorité réelle,
l'amour-propre et l'intérêt sont deux parties d'un
même tout, l'égoïsme. De là vient peut-être la
prodigieuse curiosité qu'excitent les avares habilement mis en scène. Chacun tient par un fil à ces
personnages qui s'attaquent à tous les sentiments
humains, en les résumant tous. Où est l'homme
sans désir, et quel désir social se résoudra sans
argent?

Quoique les familles enterrent soigneusement
leurs intolérables dissidences, pénétrez-y, vous
trouverez dans presque toutes des plaies profondes,
incurables, qui diminuent les sentiments naturels :
ou c'est des passions réelles, attendrissantes que la
convenance des caractères rend éternelles et qui
donnent à la mort un contre-coup dont les meurtris-
sures sont ineffaçables; ou des haines latentes qui
glacent lentement le cœur et sèchent les larmes au
jour des adieux éternels.

Ne confondez pas la haine et la vengeance : ce
sont deux sentiments bien différents; l'un est celui

des petits esprits, l'autre est l'effet d'une loi à
laquelle obéissent les grandes âmes. Dieu se venge
et ne hait pas. La haine est le vice des âmes étroi-
tes, elles l'alimentent de toutes leurs petitesses,
elles en font le prétexte de leurs basses tyrannies.

Nous sommes après tout des êtres finis. Nos sentiments nous paraissent infinis à cause du pressentiment que nous avons du ciel; mais ils ont ici-bas
pour limites les forces de notre organisation. Il est
des natures molles et lâches qui peuvent recevoir
un nombre infini de blessures et persister : mais il
en est de plus fortement trempées qui finissent par
se briser sous les coups.

Les patients anatomistes de la nature humaine ne
sauraient trop répéter les vérités contre lesquelles
doivent se briser les éducations, les lois et les systèmes philosophiques. Disons-le souvent : il est absurde de vouloir ramener les sentiments à des formules identiques; en se produisant chez chaque
homme, ils se combinent avec les éléments qui lui
sont propres, et prennent sa physionomie.

Sait-on combien il en coûte pour renoncer aux délicieuses habitudes du pouvoir? Si le triomphe de la volonté est un des enivrants plaisirs de la vie des grands hommes, il est toute la vie des êtres bornés.

❧❧❧

En France, ce qu'il y a de plus national est la vanité. La masse des vanités blessées y a donné soif d'égalité.

❧❧❧

A chaque époque, le trône et la cour se sont entourés de familles favorites sans aucune ressemblance ni de nom ni de caractères avec celles des autres règnes. Dans cette sphère, il semble que ce soit le fait et non l'individu qui se perpétue. Si l'histoire n'était là pour prouver cette observation, elle serait incroyable.

❧❧❧

La critique est funeste au critique comme *le pour* et *le contre* à l'avocat. A ce métier, l'esprit se fausse, l'intelligence perd sa lucidité rectiligne. L'écrivain n'existe que par des partis pris. Aussi doit-on distinguer deux critiques, de même que dans la peinture on reconnaît l'art et le métier. Critiquer à la manière de la plupart des feuilleto-

nistes actuels, c'est exprimer des jugements tels
quels d'une façon plus ou moins spirituelle, comme
un avocat plaide au palais les causes les plus contradictoires. Les journalistes faiseurs trouvent toujours un thème à développer dans l'œuvre qu'ils
analysent. Ainsi fait, ce métier convient aux esprits
paresseux, aux gens dépourvus de la faculté sublime
d'imaginer, ou qui, la possédant, n'ont pas le courage de la cultiver. Toute pièce de théâtre, tout
livre devient sous leur plume un sujet qui ne coûte
aucun effort à leur imagination, et dont le compte
rendu s'écrit ou moqueur ou sérieux, au gré des
passions du moment. Quant au jugement, quel
qu'il soit, il est toujours justifiable avec l'esprit
français, qui se prête admirablement au pour et au
contre. La conscience est si peu consultée, ces
bravi tiennent si peu à leur avis, qu'ils vantent dans
un foyer de théâtre l'œuvre qu'ils déchirent dans
leurs articles. On en a vu passant au besoin d'un
journal à un autre, sans prendre la peine d'objecter
que les opinions du nouveau feuilleton dussent
être diamétralement opposées à celles de l'ancien.
L'autre critique est tout une autre science. Elle
exige une compréhension complète des œuvres,
une vue lucide sur les tendances de l'époque,
l'adoption d'un système, une foi dans certains principes; c'est-à-dire une jurisprudence, un rapport,

un arrêt. Ce critique devient alors le magistrat des idées, le censeur de son temps, il exerce un sacerdoce : tandis que l'autre est un acrobate qui fait des tours pour gagner sa vie, tant qu'il a des jambes.

Si la couleur est la lumière organisée, ne doit-elle pas avoir un sens comme les combinaisons de l'air ont le leur?

Les lois ne sont pas toutes écrites dans un livre, les mœurs aussi créent les lois, les plus importantes sont les moins connues; il n'est ni professeur, ni traités, ni école pour ce droit qui régit vos actions, vos discours, votre vie extérieure, la manière de vous présenter au monde ou d'aborder sa fortune. Faillir à ces lois secrètes, c'est rester au fond de l'état social au lieu de le dominer.

La politesse exquise, les belles façons, viennent du cœur et d'un grand sentiment de dignité personnelle; voilà pourquoi, malgré leur éducation, quelques nobles ont mauvais ton, tandis que certaines personnes d'extraction bourgeoise ont naturellement bon goût et n'ont plus qu'à prendre quelques leçons pour se donner, sans imitation gauche, d'excellentes manières.

Ne soyez ni confiant, ni banal, ni empressé, trois écueils. La trop grande confiance diminue le respect, la banalité nous vaut le mépris, le zèle nous rend excellents à exploiter.

Les devoirs ne sont pas des sentiments. Faire ce qu'on doit n'est pas faire ce qui plaît. Un homme doit aller mourir froidement pour son pays et peut donner avec bonheur sa vie pour une femme. Une des règles les plus importantes de la science des manières est un silence presque absolu sur vous-même. Donnez-vous la comédie quelque jour, de parler de vous à des gens de simple connaissance ; entretenez-les de vos souffrances, de vos plaisirs, de vos affaires ; vous verrez l'indifférence succédant à l'intérêt joué ; puis l'ennui venu, si la maîtresse du logis ne vous interrompt poliment, chacun s'éloignera sous des prétextes habilement saisis. Mais voulez-vous grouper autour de vous toutes les sympathies ? passez pour un homme

aimable et d'un commerce sûr, entretenez-les
d'eux-mêmes, cherchez un moyen de les mettre
en scène, même en soulevant des questions en apparence inconciliables avec les individus; les fronts
s'animeront, les bouches vous souriront, et quand
vous serez parti chacun fera votre éloge. Votre
conscience et la voix de votre cœur vous diront la
limite où commence la lâcheté des flatteries, où
finit la grâce de la conversation.

Cultivez cette fatale science du monde : l'art
d'écouter, de parler, de répondre, de vous présenter, de sortir; le langage précis, ce je ne sais
quoi qui n'est pas plus la supériorité que l'habit ne
constitue le génie, mais sans lequel le plus beau
talent n'y sera jamais admis.

Ne souffrez jamais près de vous des gens décon-
sidérés, quand même ils ne mériteraient pas leur
réputation; car le monde nous demande également
compte de nos amitiés et de nos haines; à cet
égard, que vos jugements soient longtemps et mû-
rement pesés, mais qu'ils soient irrévocables.

Ne rendez pas de tels services que vous forciez les gens à l'ingratitude, car ceux-là deviendraient pour vous d'irréconciliables ennemis ; il y a le désespoir de l'obligation, comme le désespoir de la ruine qui prête des forces incalculables.

❧

Les jeunes gens sont sans indulgence parce qu'ils ne connaissent rien de la vie ni de ses difficultés. Le vieux critique est bon et doux, le jeune critique est implacable. Celui-ci ne sait rien ; celui-là sait tout.

❧

Le principal mérite des belles manières et du ton de la haute compagnie est d'offrir un ensemble harmonieux où tout est si bien fondu que rien ne choque. Ceux mêmes qui, soit par ignorance, soit par un emportement quelconque de la pensée, n'observent pas les lois de cette science, comprendront tous qu'en cette matière une seule dissonance est, comme en musique, une négation complète de l'art lui-même, dont toutes les conditions doivent être exécutées dans la moindre chose, sous peine de ne pas être.

❧

Buffon l'a dit : Le génie, c'est la patience. La patience est en effet ce qui, chez l'homme, ressemble le plus au procédé que la nature emploie dans ses créations. Qu'est-ce que l'art? C'est la nature concentrée.

La société repousse les talents incomplets, comme la nature emporte les créatures faibles ou mal conformées.

Un grand écrivain est un martyr qui ne mourra pas.

Il n'existe pas une seule personne qui connaisse l'horrible odyssée par laquelle on arrive à ce qu'il faut nommer, selon les talents, la vogue, la mode, la réputation, la renommée, la célébrité, la faveur publique, ces différents échelons qui mènent à la gloire et qui ne la remplacent jamais. Ce phénomène brillant se compose de mille accidents qui varient avec tant de rapidité, qu'il n'y a pas d'exemple de deux hommes parvenus par la même voie.

L'écrivain à la mode est plus insolent, plus dur envers les nouveaux venus que ne l'est le plus brutal libraire. Où le libraire ne voit qu'une perte, l'auteur redoute un rival ; l'un vous éconduit, l'autre vous écrase.

⋙⋘

Plus le livre est beau, moins il a de chances d'être vendu. Tout homme supérieur s'élève au-dessus des masses. Son succès est donc en raison directe du temps nécessaire pour apprécier l'œuvre. Aucun libraire ne veut attendre.

⋙⋘

Le journal, au lieu d'être un sacerdoce, est devenu un moyen pour les partis ; de moyen il s'est fait commerce, et comme tous les commerces, il est sans foi ni loi. Tout journal est une boutique où l'on vend au public des paroles de la couleur dont il les veut. S'il existait un journal des bossus, il prouverait soir et matin la beauté, la bonté, la nécessité des bossus. Un journal n'est plus fait pour éclairer, mais pour flatter les opinions. Ainsi, tous les journaux seront, dans un temps donné, lâches, hypocrites, infâmes, menteurs, assassins. Ils tueront les idées, les systèmes, les hommes, et fleuriront par cela même. Ils auront le bénéfice de tous les êtres de raison : le mal sera fait sans que personne en soit coupable.

Le journalisme est une grande catapulte mise en mouvement par de petites haines.

Le journal tient pour vrai tout ce qui est probable ; la justice criminelle ne procède pas autrement.

A Paris, un ambitieux est bien riche quand il a près de lui une personne qui consent à être compromise. Il est en politique comme en journalisme une foule de cas où les chefs ne doivent jamais être mis en cause.

Le journal ne risque jamais rien là où le pouvoir a toujours tout à perdre.

En littérature, chaque idée a son envers et son endroit ; et personne ne peut prendre sur lui d'affirmer quel est l'envers. Tout est bilatéral dans le

domaine de la pensée. Les idées sont binaires. Janus
est le mythe de la critique et le symbole du génie.
Il n'y a que Dieu de triangulaire ! Ce qui met Molière et Corneille hors ligne, n'est-ce pas la faculté
de faire dire oui à Alceste et non à Philinte, à Oc-
tave et à Cinna? Rousseau dans la *Nouvelle Héloïse*
a écrit une lettre pour et une lettre contre le duel,
quelle est sa véritable opinion ? Qui peut prononcer
entre Clarisse et Lovelace, entre Hector et Achille?
Quel est le héros d'Homère ? Quelle fut l'intention
de Richardson ?

***

Le roman qui veut le sentiment, le style et l'image,
est la création moderne la plus immense. Il succède
à la comédie, qui, dans les mœurs modernes, n'est
plus possible avec les vieilles lois? Il embrasse le fait
et l'idée dans ses inventions, qui exigent et l'esprit
de la Bruyère et la morale incisive, les caractères
traités comme l'entendait Molière, les grandes machines de Shakspeare, et la peinture des nuances
les plus délicates de la passion, unique trésor que
nous aient caché nos devanciers.

***

L'épigramme est l'esprit de la haine, de la haine qui
hérite de toutes les mauvaises passions de l'homme,

de même que l'amour concentre toutes les bonnes qualités. Aussi n'est-il pas d'homme qui ne soit spirituel en se vengeant, par la raison qu'il n'en est pas un à qui l'amour ne donne des jouissances.

❦❦❦

Si le but de la poésie est de mettre les idées au point précis où tout le monde peut les voir et les sentir, le poëte doit incessamment parcourir l'échelle des intelligences humaines, afin de les satisfaire toutes; il doit cacher sous les plus vives couleurs la logique et le sentiment, deux puissances ennemies; il lui faut enfermer tout un monde de pensées dans un mot, résumer des philosophies entières par une peinture; enfin ses vers sont des graines dont les fleurs doivent éclore dans les cœurs en y cherchant les sillons creusés par les sentiments personnels. Ne faut-il pas avoir tout senti pour tout rendre? Et sentir vivement, n'est-ce pas souffrir? Aussi les poésies ne s'enfantent-elles qu'après de pénibles voyages entrepris dans les vastes régions de la pensée et de la société.

❦❦❦

Sans doute les idées se projettent en raison directe de la force avec laquelle elles se conçoivent, et vont frapper là où le cerveau les envoie par une loi mathématique comparable à celle qui dirige les bombes au sortir du mortier. Divers en sont les effets. S'il est des natures tendres où les idées se logent et qu'elles ravagent, il est aussi des natures vigoureusement munies, des crânes à remparts d'airain sur lesquels les volontés des autres s'aplatissent et tombent comme les balles devant une muraille; puis il est encore des natures flasques et cotonneuses où les idées d'autrui viennent mourir comme des boulets s'amortissent dans la terre molle des redoutes.

La puissance de calcul au milieu des combinaisons de la vie est le sceau des grandes volontés que les poëtes, les gens faibles ou purement spirituels ne contrefont jamais.

Quand une littérature n'a pas de système général, elle ne fait pas corps et se dissout avec son siècle.

Dans le monde politique tout change d'aspect; les règles qui régissent les individus fléchissent devant les grands intérêts. Si vous parvenez à la

sphère où se meuvent les grands hommes, vous
êtes comme Dieu, seul juge, de vos résolutions.
Vous n'êtes plus alors un homme, mais la loi vivante; vous n'êtes plus un individu, vous êtes in-
carné dans la nation.

Faute d'exercice, les passions se rapetissent en
grandissant des choses minimes.

Il y a des gens qui ne peuvent compter sur rien,
pas même sur le hasard, car il y a des existences
sans hasard.

Diplomatie! Science de ceux qui n'en ont aucune
et qui sont profonds comme le vide! Science fort
commode, en ce qu'elle se démontre par l'exercice
même de ces hauts emplois: que, voulant des
hommes discrets, elle permet aux ignorants de ne rien
dire, de se retrancher dans des hochements de tête
mystérieux, et qu'enfin l'homme le plus fou en cette
science est celui qui nage en tenant sa tête au-dessus
du fleuve des événements qu'il semble alors conduire,
ce qui devient une question de légèreté spécifique.

Là comme dans les arts il se rencontre mille médiocrités pour un homme de génie.

Les âmes grandes sont toujours disposées à faire
une vertu d'un malheur.

Le génie est toujours gentilhomme.

En conviant aujourd'hui tous ses enfants à un
même festin, la société réveille leurs ambitions dès
le matin de la vie. Elle destitue la jeunesse de ses
grâces et vicie la plupart de ses sentiments généreux
en y mêlant des calculs.

L'usage du monde, quand il n'est pas un don de
haute naissance, une science sucée avec le lait ou
transmise par le sang, constitue une éducation que
le hasard doit seconder par une certaine élégance
de forme, par une distinction dans les traits, par
un timbre de voix particulier.

Il est des mots qui, semblables aux trompettes, aux cymbales, à la grosse caisse des saltimbanques, attirent toujours le public. Les mots beauté, gloire, poésie, ont des sortiléges qui séduisent les plus grossiers.

Nous nous emparons du monde le cœur affamé d'amour ; puis, quand nos richesses ont passé dans le creuset, quand nous nous sommes mêlés aux hommes et aux événements, tout se rapetisse insensiblement, nous trouvons peu d'or dans beaucoup de cendres. Voilà la vie ! la vie telle qu'elle est : de grandes prétentions, de petites réalités !

Parmi les bizarreries de la société, n'avez-vous pas remarqué les caprices de ses jugements et la folie de ses exigences ? Il est des personnes auxquelles tout est permis : elles peuvent faire les choses les plus déraisonnables, d'elles tout est bienséant : c'est à qui justifiera leurs actions. Mais il en est d'autres pour lesquelles le monde est d'une incroyable sévérité ; celles-là doivent faire tout bien, ne jamais ni se tromper, ni faillir, ni même laisser échapper une sottise ; vous diriez des statues admirées que l'on ôte de leur piédestal dès que l'hiver leur a fait tomber un doigt ou cassé le nez; on ne leur permet rien d'humain. Elles sont tenues d'être toujours divines et parfaites.

⬥⬥⬥

Le besoin de l'époque est le drame. Le drame est le vœu du siècle, où la politique est un mimodrame perpétuel. N'avons-nous pas vu en vingt ans les quatre drames de la Révolution, du Directoire, de l'Empire et de la Restauration?

⬥⬥⬥

N'est pas détruit qui veut. Les gens légers, sans conscience, à qui tout est indifférent, ne peuvent jamais offrir le spectacle d'un désastre. La religion seule imprime un sceau particulier sur les êtres tombés : ils croient à un avenir, à une providence; il est en eux une certaine lueur qui les signale, un air de résignation sainte entremêlée d'espérances qui cause une sorte d'attendrissement; ils savent tout ce qu'ils ont perdu, comme un ange exilé pleurant à la porte du ciel.

⬥⬥⬥

Oublier est le grand secret des existences fortes et créatrices; oublier à la manière de la nature, qui ne se connaît point de passé, qui recommence

à toute heure les mystères de ses infatigables en-
fantements.

Les institutions dépendent entièrement des sentiments que les hommes y attachent et des grandeurs dont elles sont revêtues par la pensée. Aussi,
quand il n'y a plus, non pas de religion, mais de
croyance chez un peuple, quand l'éducation première y a relâché tous les liens conservateurs en
habituant l'enfant à une impitoyable analyse, une
nation est-elle dissoute; elle ne fait plus corps que
par les ignobles soudures de l'intérêt matériel, par
les commandements du culte que crée l'égoïsme
bien entendu.

Toute espèce de parti se prend en un instant;
quoi qu'on fasse, il faut arriver au moment où l'on
se décide. Plus on met en bataille de raisons pour
et de raisons contre, moins le jugement est sain.
Les plus belles choses de la France se sont faites
quand il n'existait pas de rapport et que les décisions étaient spontanées. La loi suprême de l'homme
d'État est d'appliquer des formules précises à tous
les cas, à la manière des juges et des médecins.

Dans la vie des ambitieux et de tous ceux qui ne peuvent parvenir qu'à l'aide des hommes et des choses par un plan de conduite plus ou moins bien combiné, suivi, maintenu, il se rencontre un cruel moment où je ne sais quelle puissance les soumet à de rudes épreuves : tout manque à la fois, de tous côtés les fils rompent ou s'embrouillent, le malheur apparaît sur tous les points. Quand un homme perd la tête au milieu de ce désordre moral, il est perdu. Les gens qui savent résister à cette première révolte des circonstances, qui se roidissent en laissant passer la tourmente, qui se sauvent, en gravissant par un épouvantable effort la sphère supérieure, sont des hommes réellement forts. Tout homme, à moins d'être né riche, a donc ce qu'il faut appeler sa fatale semaine. Pour Napoléon, sa fatale semaine fut la retraite de Moscou.

Les vocations manquées déteignent sur toute l'existence.

La nature n'a fait que des bêtes, nous devons les sots à l'état social.

La plus grande marque de stérilité spirituelle est l'entassement des faits. La sublime comédie du *Misanthrope* prouve que l'art consiste à bâtir un palais sur la pointe d'une aiguille.

❦

Quel nom donner à cette puissance inconnue qui fait hâter le pas des voyageurs sans que l'orage se soit encore manifesté, qui fait resplendir de vie et de beauté le mourant quelques jours avant sa mort et lui inspire les plus riants projets, qui conseille au savant de hausser sa lampe nocturne au moment où elle l'éclaire parfaitement, qui fait craindre à une mère le regard trop profond jeté sur son enfant par un homme perspicace? Nous subissons tous cette influence dans les grandes catastrophes de notre vie, et nous ne l'avons encore ni nommée ni étudiée; c'est plus que le pressentiment, et ce n'est pas encore la vision.

❦

Les crimes sont en raison de la pureté des consciences, et le fait, qui, pour tel cœur, est à peine une faute dans la vie, prend les proportions d'un crime pour certaines âmes candides. Le mot de candeur n'a-t-il pas en effet une céleste portée?

et la plus légère souillure empreinte au blanc vêtement d'une vierge n'en fait-elle pas quelque chose
d'ignoble autant que le sont les haillons d'un mendiant? Entre ces deux choses, la seule différence
n'est que celle du malheur à la faute. Dieu ne mesure jamais le repentir, il ne le scinde pas, et il
en faut autant pour effacer une tache que pour lui
faire oublier toute une vie.

Toutes les douleurs sont individuelles, leurs
effets ne sont soumis à aucune règle fixe : certains
hommes se bouchent les oreilles pour ne plus rien
entendre; quelques femmes ferment les yeux pour
ne plus rien voir; puis, il se rencontre de grandes
et magnifiques âmes qui se jettent dans la douleur
comme dans un abîme. En fait de désespoir, tout
est vrai.

Il est des êtres qui ont le privilége d'être parmi
les hommes comme des astres bienfaisants dont la
lumière éclaire les esprits, dont les rayons réchauf-
fent les cœurs.

Les hommes ont deux caractères : ils en ont un pour leur intérieur, pour leurs femmes, pour leur vie secrète et qui est le vrai ; là, plus de masque, plus de dissimulation ; ils ne se donnent pas la peine de feindre, ils sont ce qu'ils sont et sont souvent horribles ; puis le monde, les autres, les salons, la cour, le souverain, la politique les voient grands, nobles, généreux, en costume brodé de vertus, parés de beau langage, pleins d'exquises qualités.

Les couvents d'hommes se conçoivent peu ; l'homme y semble faible : il est né pour agir, pour accomplir une vie de travail à laquelle il se soustrait dans sa cellule. Mais dans un monastère de femmes, combien de vigueur virile et de touchante faiblesse ! Un homme peut être poussé par mille sentiments au fond d'une abbaye, il s'y jette comme dans un précipice ; mais la femme n'y vient jamais qu'entraînée par un seul sentiment : elle ne s'y dénature pas, elle épouse Dieu. Vous pouvez dire au religieux : Pourquoi n'avez-vous pas lutté ? mais la réclusion d'une femme n'est-elle pas toujours une lutte sublime ?

Une aristocratie est en quelque sorte la pensée d'une société, comme la bourgeoisie et les prolétaires en sont l'organisme et l'action. De là des siéges différents pour ces forces; et de leur antagonisme vient une antipathie apparente que produit la diversité de mouvements faits néanmoins dans un but commun.

Les masses ont un bon sens qu'elles ne désertent qu'au moment où des gens de mauvaise foi les passionnent.

Si forcément on parle beaucoup dans les hautes sphères, on y pense peu. Penser est une fatigue, et les riches aiment à voir couler la vie sans grand effort. Aussi est-ce en comparant le fond des plaisanteries par échelons, depuis le gamin de Paris jusqu'au pair de France, que l'observateur comprend le mot de M. de Talleyrand : Les manières sont tout; traduction élégante de cet axiome littéraire : La forme emporte le fond. Aux yeux du poëte, l'avantage restera aux classes inférieures, qui ne manquent jamais à donner un rude cachet de poésie à leurs pensées. Cette observation fera peut-être aussi comprendre l'infertilité des salons, leur vide, leur peu de profondeur, et la répugnance que les gens supérieurs éprouvent à faire le méchant commerce d'y échanger leurs pensées.

Les hommes nous permettent bien de nous élever au-dessus d'eux, mais ils ne nous pardonnent jamais de ne pas descendre aussi bas qu'eux. Aussi le sentiment qu'ils accordent aux grands caractères ne va-t-il pas sans un peu de haine et de crainte. Trop d'honneur est pour eux une censure tacite qu'ils ne pardonnent jamais ni aux vivants ni aux morts.

A toute heure, l'homme d'argent pèse les vivants, l'homme des contrats pèse les morts, l'homme de loi pèse les consciences. Obligés de parler sans cesse, tous remplacent l'idée par la parole, le sentiment par la phrase, et leur âme devient un larynx. Ils s'usent et se démoralisent; ni le grand négociant, ni le juge, ni l'avocat ne conservent leur sens droit; ils ne sentent plus, ils appliquent les règles que faussent les espèces.

La vie n'est que ce que nous la font les sentiments.

A mesure que l'on monte en haut de la société, il s'y trouve autant de boue qu'il y en a par le bas, seulement elle s'y durcit et se dore.

La plus cruelle vengeance est le dédain d'une vengeance possible.

❧

L'un des malheurs auxquels sont soumis les grandes intelligences, c'est de comprendre forcément toutes choses, les vices aussi bien que les vertus.

❧

Les hommes méconnus se vengent de l'humilité de leur position par la hauteur de leur coup d'œil.

❧

Aujourd'hui plus que jamais règne le fanatisme de l'individualité. Plus nos lois tendront à une impossible égalité, plus nous nous en écarterons par les mœurs.

❧

Résister, c'est le fond de la vertu.

❧

L'âme a le pouvoir inconnu d'étendre comme de resserrer l'espace.

❧

La religion sera toujours une nécessité politique.

❧

Si les principes de la nature se plient aux formes voulues par les climats, pourquoi n'en serait-il pas ainsi des sentiments chez les individus? Sans doute les sentiments, qui tiennent à la loi générale par la masse, ne contrastent que dans l'expression seulement. Chaque âme a sa manière.

---

Le débiteur est plus fort que le créancier.

---

L'arbitraire sauve les peuples en venant au secours de la justice; car le droit de grâce n'a pas d'envers. Le roi qui peut gracier le banqueroutier frauduleux ne rend rien à l'actionnaire. La légalité tue la société moderne.

---

Maintenant que le moindre gâcheur peut envoyer son œuvre au Louvre, il n'est question que de gens incompris. Là où il n'y a plus de jugement il n'y a plus de chose jugée, et la gloire est dans la chose jugée.

---

Le principe de l'élection appliqué à tout est faux, la France en reviendra.

---

La Convention, modèle d'énergie, fut composée en grande partie de têtes jeunes ; aucun souverain ne doit oublier qu'elle sut opposer quatorze armées à l'Europe. Sa politique, si fatale aux yeux de ceux qui tiennent pour le pouvoir dit absolu, n'en était pas moins dictée par les vrais principes de la monarchie, car elle se conduisit comme un grand roi.

La Restauration, de même que la révolution polonaise, a su démontrer aux nations comme aux princes ce que vaut un homme et ce qui arrive quand il leur manque.

La plus grande faute que l'on puisse commettre dans la vie est de se brouiller avec un homme supérieur.

Il n'y a pas dans une nation plus de cinquante ou soixante têtes dangereuses et où l'esprit soit en rapport avec l'ambition. Savoir gouverner, c'est connaître ces têtes-là pour les couper ou pour les acheter.

L'humanitarisme est à la divine charité catholique ce que le système est à l'art, le raisonnement substitué à l'œuvre.

☙❦❧

Aujourd'hui servir l'État ce n'est plus servir le prince, qui savait punir et récompenser! Aujourd'hui servir l'État c'est servir tout le monde. Or tout le monde ne s'inquiète de personne. Servir tout le monde, c'est ne servir personne. Personne ne s'intéresse à personne. Un employé vit entre ces deux négations.

☙❦❧

La charte concédée par Louis XVIII avait le défaut de lier les mains aux rois, en les forçant à livrer les destinées du pays aux quadragénaires de la chambre des députés et aux septuagénaires de la pairie; de les dépouiller du droit de saisir un homme de talent politique là où il était, malgré sa jeunesse ou malgré la pauvreté de sa condition. Napoléon seul put employer des jeunes gens à son choix, sans être arrêté par aucune considération. Aussi, depuis la chute de cette grande volonté, l'énergie a-t-elle déserté le pouvoir. Or, faire succéder la mollesse à la vigueur est un contraste plus dangereux en France qu'en tout autre pays.

☙❦❧

Le génie est une horrible maladie. Tout écrivain porte en son cœur un monstre qui, semblable au ténia dans l'estomac, y dévore les sentiments à mesure qu'ils y éclosent. Qui triomphera? la maladie, de l'homme, ou l'homme, de la maladie? Certes, il faut être un grand homme pour tenir la balance entre son génie et son caractère. Le talent grandit. Le cœur se dessèche. A moins d'être un colosse, à moins d'avoir des épaules d'Hercule, on reste ou sans cœur ou sans talent.

Il est à remarquer que les hommes les plus fantasques se trouvent parmi les gens adonnés au commerce de l'argent. Ces gens sont en quelque sorte les libertins de la pensée. Pouvant tout posséder et conséquemment blasés, ils se livrent à des efforts énormes pour se sortir de leur indifférence. Qui sait les étudier trouve toujours une manie, un coin du cœur par où ils sont accessibles.

A Paris, la fortune est de deux espèces : il y a la fortune matérielle, l'argent, que tout le monde peut ramasser, et la fortune morale, les relations, la position, l'accès dans un certain monde, — ina-

bordable pour certaines personnes, quelle que soit
leur fortune matérielle.

⊰❈⊱

Certes, un pays ne semble pas immédiatement
menacé de mort parce qu'un employé de talent se
retire et qu'un homme médiocre le remplace. Malheureusement pour les nations, aucun homme ne
paraît indispensable à leur existence. Mais quand
tout s'est amoindri, les nations disparaissent.

⊰❈⊱

Diminuer la lourdeur de l'impôt n'est pas, en
matière de finance, diminuer l'impôt : c'est le
mieux répartir ; l'alléger, c'est augmenter la masse
des transactions en leur laissant plus de jeu. L'individu paye moins et l'État reçoit davantage.

⊰❈⊱

L'État possesseur de domaines constitue un con-
tre-sens administratif ; car l'État ne sait pas faire
valoir et se prive de contributions : il perd deux
produits à la fois. Quant aux fabriques du gouvernement, c'est le même non-sens reporté dans la
sphère de l'industrie. L'État obtient des produits

plus coûteux que ceux du commerce, plus lentement confectionnés, et manque à percevoir ses
droits sur les mouvements de l'industrie, à laquelle
il retranche des alimentations. Est-ce administrer
un pays que d'y fabriquer au lieu d'y faire fabriquer, d'y posséder au lieu d'y créer le plus de
possessions diverses?

---

Les moralistes déploient ordinairement leur verve
sur les abominations transcendantes. Pour eux, les
crimes sont à la cour d'assises ou à la police correctionnelle; mais les finesses sociales leur échappent. L'habileté qui triomphe sous les armes du
Code est au-dessus ou au-dessous d'eux; ils n'ont
ni loupe ni longue-vue : il leur faut de bonnes
grosses horreurs bien visibles.

---

Les belles âmes arrivent difficilement à croire au
mal, à l'ingratitude : il leur faut de rudes leçons avant
de reconnaître l'étendue de la corruption humaine.
Puis, quand leur éducation en ce genre est faite,
elles s'élèvent à une indulgence qui est le dernier
degré du mépris.

Trop facilement accordée, l'admiration est un signe de faiblesse. On ne doit pas payer en même monnaie un danseur de corde et un poëte.

La société est d'une sévérité sans bornes pour les natures fortes et complètes. A chaque chose sa loi, l'éternel diamant doit être sans tache.

Il est dans l'esprit des avoués de pénétrer tout aussi bien dans l'âme de leurs clients que dans celle de leurs adversaires. Ils doivent connaître l'envers aussi bien que l'endroit de la trame judiciaire.

La morale commence à la loi. S'il ne s'agissait que de religion, les lois seraient inutiles. Les peuples religieux ont peu de lois. Au-dessus de la loi civile est la loi politique. Voici ce qu'un homme politique lit sur le front du dix-neuvième siècle : Les Français inventet, en 1793, une souveraineté populaire qui finit par un empereur absolu. Voilà pour l'histoire nationale. Pour l'histoire des mœurs : madame Tallien et madame de Beauharnais tiennent la même conduite ; Napoléon épouse l'une, en fait une impératrice, et ne veut jamais recevoir l'autre, quoiqu'elle fût princesse. Sans-culotte en 1793, Napoléon *chausse la couronne* de fer en 1804. Les féroces amants de l'égalité ou la mort de 1792 deviennent, dès 1806, complices d'une aristocratie légitimée par Louis XVIII. A l'étranger, l'aristocratie qui trône aujourd'hui au faubourg Saint-Germain a fait pis : elle a été usurière, elle a été marchande ; elle a fait des petits pâtés ; elle a été cuisinière, fermière, gardeuse de moutons. En France, donc, la loi politique aussi bien que la loi morale, tous et chacun ont démenti le début au point d'arrivée, les opinions par la conduite ou la conduite par les opinions. Il n'y a pas eu de logique ni dans le gouvernement ni chez les particuliers. Aussi n'avez-vous plus de morale. Aujourd'hui, chez vous, le succès est la raison suprême de toutes les actions, quelles qu'elles soient.

⊰≍⊱

Les grands commettent presque autant de lâchetés que les misérables, mais ils les commettent dans l'ombre et font parade de leurs vertus : ils restent grands. Les petits déploient leurs vertus dans l'ombre, ils exposent leurs misères au grand jour : ils sont méprisés.

⊰≍⊱

A Paris, aucun sentiment ne résiste au jet des choses, et leur courant oblige à une lutte qui détend les passions : l'amour y est un désir et la haine une velléité. Il n'y a là de vrai parent que le billet de mille francs, d'autre ami que le mont-de-piété. Ce laisser aller général porte ses fruits ; et dans le salon comme dans la rue personne n'y est de trop, personne n'y est absolument utile ni absolument nuisible : les sots et les fripons, comme les gens d'esprit ou de probité. Tout y est toléré, le gouvernement et la guillotine, la religion et le choléra. Vous convenez toujours à ce monde, vous n'y manquez jamais.

La légalité constitutionnelle et administrative n'enfante rien ; c'est un monstre infécond pour les peuples, pour les rois et pour les intérêts privés ; mais les peuples ne savent épeler que les principes écrits avec du sang ; or, les malheurs de la légalité seront toujours pacifiques ; elle aplatit une nation, voilà tout.

Que serait le bâton des maréchaux sans la force intrinsèque du capitaine qui le tient à la main ? Le faubourg Saint-Germain a joué avec des bâtons en croyant qu'ils étaient tout le pouvoir. Il avait renversé les termes de la proposition qui commande son existence. Au lieu de jeter les insignes qui choquaient le peuple et de garder secrètement la force, il a laissé saisir la force à la bourgeoisie, s'est cramponné fatalement aux insignes, et a constamment oublié les lois que lui imposait sa faiblesse numérique.

L'émigration de 89 accusait encore des sentiments ; en 1830 l'émigration à l'intérieur n'accuse plus que des intérêts.

Les riches rencontrent à Paris de l'esprit tout fait, de la science toute mâchée, des opinions toutes formulées qui les dispensent d'avoir esprit, science ou opinion. Dans ce monde, la déraison est égale à la faiblesse et au libertinage. On y est avare de temps à force d'en perdre. N'y cherchez pas plus d'affections que d'idées, les embrassades couvrent une profonde indifférence, et la politesse un mépris continuel. On n'y aime jamais autrui.

La constitution actuelle des sociétés, infiniment
plus compliquée dans ses rouages que celle des sociétés antiques, a eu pour effet de subdiviser les
facultés chez l'homme. Autrefois, les gens éminents,
forcés d'être universels, apparaissaient en petit
nombre et comme des flambeaux au milieu des sociétés antiques. Plus tard, si les facultés se spécia-
lisèrent, la qualité s'adressait encore à l'ensemble
des choses. Ainsi un homme *riche en cautèle*, comme
on l'a dit de Louis XI, pouvait appliquer la ruse à
tout; mais, aujourd'hui, la qualité s'est elle-même
subdivisée. Par exemple, autant de professions, autant de ruses différentes.

En France, on ne peut triompher que quand tout
le monde se couronne sur la tête du triomphateur.

Jamais les moralistes ne parviendront à faire comprendre l'influence que les sentiments exercent sur
les intérêts. Cette influence est aussi puissante que
celle des intérêts sur les sentiments. Toutes les lois
de la nature ont un double effet, un sens inverse
de l'autre.

L'on passe une bonne partie de sa vie à sarcler ce que l'on a laissé pousser dans son cœur pendant son adolescence. Cette opération s'appelle acquérir de l'expérience.

❦

Certains êtres sont comme les zéros : il leur faut un chiffre qui les précède, et leur néant acquiert alors une valeur décuple.

❦

La résignation est un suicide quotidien.

❦

On a, relativement à la gravité du sujet, écrit très-peu sur le suicide, on ne l'a pas observé. Peut-être cette maladie est-elle inobservable. Le suicide est l'effet d'un sentiment que nous nommerons, si vous voulez, l'*estime de soi-même*, pour ne pas le confondre avec le mot *honneur*. Le jour où l'homme se méprise, le jour où il se voit méprisé, le moment où la réalité de la vie est en désaccord avec ses espérances, il se tue ; et rend ainsi hommage à la société, devant laquelle il ne veut pas rester déshabillé de ses vertus et de sa splendeur. Le suicide est de trois natures : il y a d'abord le suicide qui n'est que le dernier accès d'une longue maladie, et qui, certes, appartient à la pathologie, puis le suicide par désespoir, enfin le suicide par raisonnement.

✦

Vous chargeriez-vous de gouverner un peuple de raisonneurs? Napoléon ne l'osait pas, il persécutait les idéologues. Pour empêcher les peuples de raisonner il faut leur imposer des sentiments.

✦

Quoi qu'elle fasse ou dise, l'Angleterre est matérialiste, à son insu peut-être. Elle a des prétentions religieuses et morales d'où la spiritualité divine, d'où l'âme catholique est absente, et dont la grâce fécondante ne sera remplacée par aucune hypocrisie, quelque bien jouée qu'elle soit. Elle possède au plus haut degré cette science de l'existence qui bonifie les moindres parcelles de la matérialité, qui fait que votre pantoufle est la plus exquise pantoufle du monde, qui donne à votre linge une saveur indicible, qui double de cèdre et parfume les commodes; qui verse à l'heure dite un thé suave savamment déplié, qui bannit la poussière, cloue des tapis depuis la première marche jusque dans les derniers replis de la maison, brosse les murs des caves, polit le marteau de la porte, assouplit les ressorts du carrosse, qui fait de la matière une pulpe nourrissante et cotonneuse, brillante et propre, au sein de laquelle l'âme expire sous la jouissance, qui produit l'affreuse monotonie du bien-être, donne une vie sans opposition, dénuée de spontanéité, et qui, pour tout dire, vous machinise.

~~~

A Gênes, la beauté ne se rencontre plus aujourd'hui que sous le Mezzaro, comme à Venise elle ne se rencontre que sous les Fiazzoli. Ce phénomène s'observe chez toutes les nations ruinées. Le type noble ne s'y trouve plus que dans le peuple, comme, après l'incendie des villes, les médailles se cachent dans les cendres.

~~~

Il est des êtres bons et patients qui passent dans la vie une pensée amère au cœur et un sourire à la fois triste et douloureux sur les lèvres, emportant avec eux le mot de l'énigme sans le laisser deviner par fierté, par dédain, par vengeance peut-être, n'ayant que Dieu pour confident et pour consolateur.

~~~

Le déiste est un athée sous bénéfice d'inventaire.

Habitués aux prévenances qu'inspire une jolie jeunesse, heureux de cette égoïste protection que le monde accorde à un être qui lui plaît, comme il fait l'aumône au mendiant qui réveille un sentiment et lui donne une émotion, beaucoup de jeunes gens jouissent de cette faveur au lieu d'en profiter. Trompés sur le sens et le mobile des relations sociales, ils croient toujours rencontrer de décevants sourires ; mais ils arrivent nus, chauves, dépouillés, sans valeur ni fortune, au moment où, comme de vieilles coquettes et de vieux haillons, le monde les laisse à la porte d'un salon et au coin d'une borne.

L'homme est composé de matière et d'esprit ; l'animalité vient aboutir en lui, et l'ange commence à lui. De là cette lutte que nous éprouvons tous entre une destinée future que nous pressentons et les souvenirs de nos instincts antérieurs dont nous ne sommes pas entièrement détachés. Un amour charnel et un amour divin. Tel homme les résout en lui seul, tel autre s'abstient ; celui-ci *fouille le sexe* entier pour y chercher la satisfaction de ses

appétits antérieurs, celui-là l'idéalise en une seule
femme en laquelle se résume l'univers. Les uns
flottent indécis entre les voluptés de la matière et
celles de l'esprit, les autres spiritualisent la chair
en lui demandant ce qu'elle ne saurait donner. Si,
pensant à ces traits généraux de l'amour, vous te-
nez compte des répulsions et des affinités qui résultent de la diversité des organisations, et qui brisent
les pactes conclus entre ceux qui ne sont pas éprou-
vés ; si vous y joignez les erreurs produites par les
espérances des gens qui vivent plus spécialement
dans l'esprit, par le cœur ou par l'action, qui
pensent, qui sentent ou qui agissent, et dont les
vocations sont trompées, méconnues dans une association où il se trouve deux êtres également dou-
bles ; vous aurez une grande indulgence pour les
malheurs envers lesquels la société se montre sans
pitié.

Un défaut de la jeunesse est de croire tout le
monde fort comme elle est forte, défaut qui tient
d'ailleurs à ses qualités : au lieu de voir les hommes
et les choses à travers des besicles, elle les colore
des reflets de sa flamme et jette son trop de vie
jusque sur les vieilles gens.

Les Français sont trop continuellement distraits pour se haïr pendant longtemps. A Paris, surtout, les faits étendent trop l'espace, et font en politique, en littérature et en science, la vie trop vaste pour que les hommes n'y trouvent pas des pays à conquérir où leurs prétentions peuvent régner à l'aise. La haine exige tant de forces toujours armées, que l'on s'y met plusieurs quand on veut haïr pendant longtemps. Aussi les corps peuvent-ils seuls y avoir de la mémoire. Après quarante-quatre ans, Robespierre et Danton s'embrasseraient.

Il existe deux espèces de discrétions : discrétion active et discrétion négative. La discrétion négative est celle des sots qui emploient le silence, la négation, l'air renfrogné, la discrétion des portes fermées, véritable impuissance. La discrétion active procède par affirmation.

Pour le désespoir de l'homme, il ne peut rien faire que d'imparfait, soit en bien, soit en mal. Toutes ses œuvres intellectuelles ou physiques sont signées par une marque de destruction ; il n'est que l'usufruitier des choses.

Une chose digne de remarque est la puissance d'infusion que possèdent les sentiments. Quelque grossière que soit une créature, dès qu'elle exprime une affection forte et vraie, elle exhale un fluide particulier qui modifie la physionomie, anime le geste, colore la voix. Souvent l'être le plus stupide arrive, sous l'effort de la passion, à la plus haute éloquence dans l'idée, si ce n'est dans le langage, et semble se mouvoir dans une sphère lumineuse.

On ne trouve pas dans les tribunaux trois juges qui aient le même avis sur un article de loi.

Pourquoi deux mois de prison au dandy qui dans une nuit ôte à un enfant la moitié de sa fortune, et pourquoi le bagne au pauvre diable qui vole un billet de mille francs avec les circonstances aggravantes? Voilà nos lois. Il n'y a pas un article qui n'arrive à l'absurde. L'homme en gants et à paroles jaunes a commis des assassinats où l'on ne verse pas de sang, mais où l'on en donne, l'assassin a ouvert une porte avec un monseigneur; deux choses nocturnes!

Le pacte délicieux qui doit lier le bienfaiteur à l'obligé consacre par son premier article entre les grands cœurs une parfaite égalité.

Il existe dans notre société trois hommes, le prêtre, le médecin et l'homme de justice, qui ne peuvent pas estimer le monde ! Ils ont des robes noires, peut-être parce qu'ils portent le deuil de toutes les vertus, de toutes les illusions. Le plus malheureux des trois est l'avoué. Quand l'homme vient trouver le prêtre, il arrive poussé par le repentir, par le remords, par des croyances qui le rendent intéressant, qui le grandissent et consolent l'âme du médiateur, dont la tâche ne va pas sans une sorte de jouissance : il purifie, il répare et réconcilie. Mais les études sont des égouts qu'on ne peut pas curer.

L'effet de toute loi qui touche à ' ortune privée est de développer prodigieusement les fourberies de l'esprit.

Souvent la loi sociale, implacable dans sa formule, condamne là où le crime apparent est

excusé par les innombrables modifications qu'intro-
duisent au sein des familles la différence des caractères, la diversité des intérêts et des situations.

Les magistrats, les avocats, les avoués, tout ce
qui pâture sur le terrain judiciaire, distingue deux
éléments dans une cause : le droit et l'équité.
L'équité résulte des faits, le droit est l'application
des principes aux faits. Un homme peut avoir raison
en équité, tort en justice, sans que le juge soit
accusable. Entre la conscience et le fait, il est un
abîme de raisons déterminantes qui sont inconnues
au juge et qui condamnent ou légitiment un fait.
Un juge n'est pas Dieu. Son devoir est d'adapter
les faits aux principes, de juger des espèces variées
à l'infini, en se servant d'une mesure déterminée.
Si le juge avait le pouvoir de lire dans la conscience
et de démêler les motifs afin de rendre d'équitables
arrêts, chaque juge serait un grand homme. La
France a besoin d'environ six mille juges; aucune
génération n'a six mille grands hommes à son service, à plus forte raison ne peut-elle les trouver
pour sa magistrature.

La peur est un sentiment morbifique à demi qui presse si violemment la machine humaine, que les facultés y sont soudainement portées, soit au plus haut degré de leur puissance, soit au dernier de la désorganisation. La physiologie a été pendant long-temps surprise de ce phénomène qui renverse ses systèmes et bouleverse ses conjectures, quoiqu'il soit tout simplement un foudroiement opéré à l'intérieur, mais, comme les accidents électriques, bizarre et capricieux dans ses modes. Cette explication deviendra vulgaire le jour où les savants auront reconnu le rôle immense que joue l'électricité dans la pensée humaine.

Une fois que dans un malheur un homme peut se faire un roman d'espérance par une suite de raisonnements plus ou moins justes, avec lesquels il bourre son oreiller pour y reposer sa tête, il est souvent sauvé. Beaucoup de gens ont pris la confiance que donne l'illusion pour de l'énergie, et peut-être l'espoir est-il la moitié du courage. Aussi la religion catholique en a-t-elle fait une vertu. L'espérance n'a-t-elle pas soutenu beaucoup de faibles, en leur donnant le temps d'attendre les hasards de la vie?

La douleur ennoblit les personnes les plus vulgaires : car elle a sa grandeur; et pour en recevoir du lustre il suffit d'être vrai.

Pour croire au sang pur, à une race privilégiée, pour se mettre par la pensée au-dessus des autres hommes, ne faut-il pas, dès sa naissance, avoir mesuré l'espace qui sépare les patriciens du peuple? Pour commander, ne faut-il pas ne point avoir connu d'égaux? Ne faut-il pas enfin que l'éducation inculque les idées que la nature inspire aux grands hommes, à qui elle a mis une couronne au front avant que leur mère n'y puisse mettre un baiser? Ces idées et cette éducation ne sont plus possibles en France, où depuis quarante ans le hasard s'est arrogé le droit de faire des nobles en les trempant dans le sang des batailles ou en les dorant de gloire, en les couronnant de l'auréole du génie; où l'abolition des substitutions et des majorats, en émiettant les héritages, force le noble à s'occuper de ses affaires au lieu de s'occuper des affaires de l'État, et où la grandeur personnelle ne peut plus être qu'une grandeur acquise après de longs et patients travaux.

Chez toutes les natures douées de la faculté de vivre beaucoup dans le présent, d'en exprimer pour ainsi dire le jus et le dévorer, la seconde vue a besoin d'une espèce de sommeil pour s'identifier aux causes. Le cardinal de Richelieu était ainsi, ce qui n'excluait pas en lui le don de prévoyance nécessaire à la conception des grandes choses.

***

Certains animaux mis en fureur fondent sur leur ennemi, le mettent à mort, et, tranquilles dans leur victoire, semblent avoir tout oublié. Il en est d'autres qui tournent autour de leur victime, qui la gardent en craignant qu'on ne la leur vienne enlever, et qui, semblables à l'Achille d'Homère, font neuf fois le tour de Troie en traînant leur ennemi par les pieds : c'est la poésie et la matière.

***

A Paris, la période astringente de la défiance est aussi rapide à venir que le mouvement expansif de la confiance est lent à se décider. Une fois tombé dans le système restrictif des craintes et des précautions commerciales, le créancier arrive à des lâchetés sinistres qui le mettent au-dessous du débiteur.

***

Demander des renouvellements est, dans la jurisprudence commerciale, ce que la police correctionnelle est à la cour d'assises, un premier pas vers la faillite, comme le délit mène au crime. Le secret de votre impuissance et de votre gêne est en d'autres mains que les vôtres. Un négociant se met pieds et poings liés à la disposition d'un autre négociant, et la charité n'est pas une vertu pratiquée à la Bourse.

La faillite est comme une opération chimique, d'où le négociant habile tâche de sortir gras.

Tout homme atteint d'un défaut de conformation quelconque, les pieds-bots, la claudication, les diverses gibbosités, l'excessive laideur, les taches de vin répandues sur la joue, les feuilles de vigne et autres monstruosités indépendantes de la volonté des fondateurs, n'a que deux partis à prendre : ou se rendre redoutable, ou devenir d'une exquise bonté ; il ne lui est pas permis de flotter entre les moyens termes habituels à la plupart des hommes. Dans le premier cas, il y a talent, génie ou force ; un homme n'inspire la terreur que par la puissance du mal, le respect que par le génie, la peur que par beaucoup d'esprit. Dans le second cas, il se fait adorer, il se prête admirablement aux tyrannies féminines, et sait mieux aimer que n'aiment les gens d'une irréprochable *corporence*.

Chez un grand homme, les qualités sont souvent solidaires. Si, parmi ces colosses, l'un d'eux a plus de talent que d'esprit, son esprit est encore plus étendu que celui de qui l'on dit simplement : Il a de l'esprit. Tout génie suppose une vue morale. Cette vue peut s'appliquer à quelque spécialité ; mais qui voit la fleur doit voir le soleil.

Peut-être est-il dans la nature humaine de tout faire supporter à qui souffre tout par humilité vraie, par faiblesse ou par indifférence. N'aimons-nous pas tous à prouver notre force aux dépens de quelqu'un ou de quelque chose ? L'être le plus débile, le gamin, sonne à toutes les portes quand il gèle, ou se hisse pour écrire son nom sur un monument vierge.

Les âmes délicates, dont la force s'exerce dans une sphère élevée, manquent de cet esprit d'intrigue fertile en ressources, en combinaisons; leur génie à elles, c'est le hasard : elles ne cherchent pas, elles rencontrent.

La misère a pour elle un divin sommeil plein de beaux rêves.

La haine sans désir de vengeance est un grain tombé sur du granit.

Les gens les plus haineux font à Paris très-peu de plans, la vie y est trop rapide, trop remuée; il y a trop d'accidents imprévus; mais aussi ces perpétuelles oscillations, en ne permettant pas la préméditation, servent une pensée tapie au fond du cœur qui guette leurs chances fluviatiles.

Si l'on vient à songer aux mille formes que prend à Paris la corruption, parlante ou muette, un

homme de bon sens se demande par quelle aberra-
tion l'État y met les écoles, y rassemble des jeunes
gens, comment les jolies femmes sont respectées,
comment l'or étalé par les changeurs ne s'envole
pas magiquement de leurs sébiles. Mais si l'on vient
à songer qu'il est peu d'exemples de crimes, voire
même de délits commis par les jeunes gens, de
quel respect ne doit-on pas être pris pour ces patients Tantales qui se combattent eux-mêmes et sont
presque toujours victorieux !

***

L'indifférence en fait de vêtement n'est-elle pas
la marque distinctive de la haute science, de l'art
cultivé follement, de la pensée perpétuellement
active ?

***

N'appartenons-nous pas au petit nombre de créatures privilégiées pour la douleur et pour le plaisir,
de qui les qualités sensibles vibrent toutes à l'unisson
en produisant de grands retentissements intérieurs,
et dont la nature nerveuse est en harmonie constante
avec le principe des choses ? Mettez-les dans un mi=
lieu où tout est dissonance, ces personnes souffrent
horriblement, comme aussi leur plaisir va jusqu'à

l'exaltation, quand elles rencontrent les idées, les sensations ou les êtres qui leur sont sympathiques. Mais il est pour nous un troisième état dont les malheurs ne sont connus que des âmes affectées de la même maladie, et chez lesquelles se rencontrent de fraternelles compréhensions. Il peut vous arriver de n'être impressionné ni en bien ni en mal. Un orgue expressif doué de mouvement s'exerce alors en nous dans le vide, se passionne sans objet, rend des sons sans produire de mélodie, jette des accents qui se perdent dans le silence! Espèce de contradiction terrible d'une âme qui se révolte contre l'inutilité du néant. Jeux accablants dans lesquels notre puissance s'échappe tout entière sans aliment comme le sang sort d'une blessure inconnue. La sensibilité coule à torrents. Il en résulte d'horribles affaiblissements, d'indicibles mélancolies, pour lesquelles le confessionnal n'a pas d'oreilles.

Il existe dans l'admiration qu'on inspire, ou dans l'action d'un rôle joué, je ne sais quelle griserie morale qui ne permet pas à la critique d'arriver jusqu'à l'idole. Une atmosphère produite peut-être par une constante dilatation nerveuse fait comme un nimbe à travers lequel on voit le monde au-des-

sous de soi. Comment expliquer autrement la perpétuelle bonne foi qui préside à tant de nouvelles
représentations des mêmes effets, et la continuelle
méconnaissance de conseil que donnent ou les enfants, si terribles pour leurs parents, ou les maris,
si familiarisés avec les innocentes roueries de leurs
femmes?

Les célibataires remplacent les sentiments par
des habitudes. Lorsqu'à ce système moral qui les
fait moins vivre que traverser la vie, se joint un
caractère faible, les choses extérieures prennent
sur eux un empire étonnant.

On nous parle de l'immoralité des *Liaisons dangereuses* et de je ne sais quel autre livre qui a un
nom de femme de chambre ; mais il existe un livre
horrible, sale, épouvantable, corrupteur, toujours
ouvert, qu'on ne fermera jamais, le grand livre du
monde, sans compter un autre livre mille fois plus
dangereux qui se compose de tout ce qu'on se dit
à l'oreille entre hommes, ou sous l'éventail entre
femmes, le soir, au bal

Il arrive presque toujours qu'un homme ignore les bruits qui courent sur son compte : une ville entière s'occupe de lui, le calomnie ou le tympanise ; s'il n'a pas d'amis, il ne saura rien.

Le remords est plus qu'une pensée, il provient d'un sentiment qui ne se cache pas plus que l'amour et qui a sa tyrannie.

Pour tout le monde, attendre un malheur indéfini constitue un horrible supplice. La souffrance prend alors les proportions de l'inconnu, qui certes est l'infini de l'âme.

En plongeant au fond des voluptés, on en rapporte plus de gravier que de perles.

Certes, si les sacristies humides où les prières se pèsent et se payent comme des épices, si les magasins de revendeuses où flottent des guenilles qui flétrissent toutes les illusions de la vie en nous montrant où aboutissent nos fêtes, si ces deux cloaques de la poésie n'existaient pas, une étude d'avoué serait de toutes les boutiques sociales la plus horrible. Mais il en est ainsi de la maison de jeu, du tribunal, du bureau de loterie et du mauvais lieu. Pourquoi? Peut-être dans ces endroits le drame, en se jouant dans l'âme de l'homme, lui rend-il les accessoires indifférents : ce qui expliquerait aussi la simplicité du grand penseur et des grands ambitieux.

Le hasard est le plus grand des artistes.

Il est des marchands qui aiment celles de leurs pratiques qui les payent mal, quand ils ont avec elles des rapports constants ; tandis qu'ils en haïssent d'excellentes qui se tiennent sur une ligne trop élevée pour leur permettre des accointances, mot vulgaire mais expressif. Les hommes sont ainsi. Dans presque toutes les classes, ils accordent au compérage ou à des âmes viles qui les flattent les facilités, les faveurs refusées à la supériorité qui les blesse, quelle que soit la manière dont elle se révèle. Le boutiquier qui crie contre la cour a ses courtisans.

La faillite est la fermeture plus ou moins hermétique d'une maison où le pillage a laissé quelques sacs d'argent. Heureux le négociant qui se glisse par la fenêtre, par le toit, par les caves, par un trou, qui prend un sac et grossit sa part! Dans cette déroute, où se crie le sauve-qui-peut de la Bérésina, tout est illégal et légal, faux et vrai, honnête et déshonnête. Un homme est admiré s'il *se couvre*. Se couvrir est s'emparer de quelques valeurs au détriment des autres créanciers.

Quand tout le monde est bossu, la belle taille devient la monstruosité.

Quand l'effet produit n'est plus en rapport direct ni en proportion égale avec sa cause, la désorganisation commence.

Tous les vrais grands hommes aiment à se laisser tyranniser par un être faible.

Les honnêtes gens manquent en général de tact;
ils n'ont aucune mesure dans le bien, parce que
pour eux tout est sans détour ni arrière-pensée.

⚜

Pourquoi ce défaut de pénétration dans leurs
affaires personnelles chez des hommes habitués à
tout pénétrer? Peut-être l'esprit ne peut-il pas être
complet sur tous les points; peut-être les artistes
vivent-ils trop dans le moment présent pour étudier
l'avenir; peut-être observent-ils trop les ridicules
pour voir un piége, et croient-ils qu'on n'ose pas
les jouer.

⚜

Les observateurs ont pu remarquer chez tous les
gens destinés au suicide ou qui le méditent cet air
froidement sinistre qu'ils ont malgré eux. Les idées
funèbres qu'ils caressent impriment à leur front
des teintes grises et nébuleuses; leur sourire a je
ne sais quoi de fatal, leurs mouvements sont so-
lennels; ces malheureux paraissent vouloir sucer
jusqu'au zeste les fruits dorés de la vie; leurs regards visent le cœur à tout propos, ils écoutent
leur glas dans l'air, ils sont inattentifs.

⚜

Soit que vous voyagiez, soit que vous restiez au coin de votre cheminée et de votre femme, il arrive toujours un âge auquel la vie n'est plus qu'une habitude exercée dans un certain milieu préféré. Le bonheur consiste alors dans l'exercice de nos facultés appliquées à des réalités. Hors ces deux préceptes, tout est faux. Mes principes ont varié comme ceux des hommes, j'en ai dû changer à chaque latitude. Ce que l'Europe admire, l'Asie le punit. Ce qui est un vice à Paris est une nécessité quand on a passé les Açores. Rien n'est fixe ici-bas, il n'y existe que des conventions qui se modifient suivant les climats. Pour qui s'est jeté forcément dans tous les moules sociaux, les convictions et les morales ne sont plus que des mots sans valeur. Reste en nous le seul sentiment vrai que la nature y ait mis : l'instinct de notre conservation. Dans nos sociétés européennes, cet instinct se nomme intérêt personnel.

Quant aux mœurs, l'homme est le même partout; partout le combat entre le riche et le pauvre est établi, partout il est inévitable; il vaut donc mieux être l'exploitant que d'être l'exploité; partout il se rencontre des gens musculeux qui travaillent, et des gens lymphatiques qui se tourmentent; partout les plaisirs sont les mêmes, car partout les sens s'épuisent, et il ne leur survit qu'un seul sentiment, la

vanité ! La vanité, c'est toujours le moi ! La vanité
ne se satisfait que par des flots d'or. Nos fantaisies
veulent du temps, des moyens physiques ou des
soins. Eh bien ! l'or contient tout en germe et donne
tout en réalité. Il n'y a que des fous ou des malades qui puissent trouver du bonheur à battre les
cartes tous les soirs pour savoir s'ils gagneront
quelques sous. Il n'y a que des sots qui puissent
employer leur temps à se demander ce qui se passe,
si madame une telle s'est couchée sur son canapé
seule ou en compagnie, si elle a plus de sang que
de lymphe, plus de tempérament que de vertu. Il
n'y a que des dupes qui puissent se croire utiles à
leurs semblables en s'occupant à tracer des principes politiques pour gouverner des événements toujours imprévus. Il n'y a que des niais qui puissent
aimer à parler des acteurs et à répéter leurs mots ;
à faire tous les jours, mais sur un plus grand espace, la promenade que fait un animal dans sa loge ;
à s'habiller pour les autres, à manger pour les autres, à se glorifier d'un cheval ou d'une voiture que
le voisin ne peut avoir que trois jours après eux.
N'est-ce pas la vie des Parisiens traduite en quelques phrases ? Voyons l'existence d'un peu plus
haut qu'ils ne la voient. Le bonheur consiste ou en
émotions fortes qui usent la vie, ou en occupations
réglées qui en font une mécanique anglaise fonc-

tionnant par temps réguliers. Au-dessus de ces bonheurs, il existe une curiosité, prétendue noble, de
connaître les secrets de la nature ou d'obtenir une
certaine imitation de ses effets. N'est-ce pas en deux
mots l'art ou la science, la passion ou le calme?

La mort a de la coquetterie pour les jeunes gens;
pour eux, elle s'avance et se retire, se montre et
se cache; sa lenteur les désenchante d'elle, et
l'incertitude que leur cause son lendemain finit par
les rejeter dans le monde où ils rencontreront la
douleur, qui, plus impitoyable que ne l'est la
mort, les frappera sans se laisser attendre.

Ne serait-ce pas une erreur de croire que les
sentiments se reproduisent? Une fois éclos, n'exis-
tent-ils pas toujours au fond du cœur? Ils s'y apai-
sent et s'y réveillent au gré des accidents de la vie;
mais ils y restent, et leur séjour modifie nécessairement l'âme. Ainsi, tout sentiment n'aurait qu'un
grand jour, le jour plus ou moins long de sa première tempête. Ainsi, la douleur, le plus constant
de nos sentiments, ne serait vive qu'à sa première

irruption; et ses autres atteintes iraient en s'affai-
blissant, soit par notre accoutumance à ses crises,
soit par une loi de notre nature, qui, pour se
maintenir vivante, oppose à cette force destructive
une force égale mais inerte, prise dans les calculs
de l'égoïsme. Mais, entre toutes les souffrances, à
laquelle appartiendra ce nom de douleur? La perte
des parents est un chagrin auquel la nature a préparé les hommes; le mal physique est passager,
n'embrasse pas l'âme; et s'il persiste, ce n'est plus
un mal, c'est la mort. Qu'une jeune femme perde
un nouveau-né, l'amour conjugal lui a bientôt
donné un successeur. Cette affliction est passagère
aussi. Enfin, ces peines et beaucoup d'autres semblables sont, en quelque sorte, des coups, des blessures; mais aucune n'affecte la vitalité dans son
essence, et il faut qu'elles se succèdent étrangement pour tuer le sentiment qui nous porte à chercher le bonheur. La grande, la vraie douleur serait donc un mal assez meurtrier pour étreindre à
la fois le passé, le présent et l'avenir; ne laisser
aucune partie de la vie dans son intégrité, déna-
turer à jamais la pensée, s'inscrire inaltérablement
sur les lèvres et sur le front, briser ou détendre
les ressorts du plaisir, en mettant dans l'âme un
principe de dégoût pour toute chose de ce monde.
Encore, pour être immense, pour ainsi peser sur

l'âme et sur le corps, ce mal devrait arriver en un
moment de la vie où toutes les forces de l'âme et
du corps sont jeunes, et foudroyer un cœur vivant.
Le mal fait alors une large plaie; grande est la
souffrance; et nul être ne peut sortir de cette maladie sans quelque poétique changement; ou il
prend la route du ciel, ou s'il demeure ici-bas, il
rentre dans le monde pour mentir au monde, pour
y jouer un rôle; il connaît dès lors la coulisse où
l'on se retire pour calculer, pleurer, plaisanter.
Après cette crise solennelle, il n'existe plus de
mystères dans la vie sociale, qui dès lors est irrévo-
cablement jugée.

⛉

Mon Dieu, tu m'as abandonné! terrible parole
que personne n'a osé sonder.

⛉

Chez les âmes exclusivement tendres, et la tendresse comporte un peu de faiblesse, la jalousie et
l'inquiétude sont en raison directe du bonheur et
de son étendue. Les âmes fortes ne sont ni jalouses
ni craintives : la jalousie est un doute, la crainte
une petitesse. La croyance sans bornes est le principal attribut du grand homme : s'il est trompé, la

force aussi bien que la faiblesse peuvent rendre l'homme également dupe, son mépris lui sert alors de hache, il tranche tout.

❦

Comment expliquer la perpétuité de l'envie? Un vice qui ne rapporte rien!

❦

Il est dans la nature de notre esprit de regarder aux effets avant d'analyser les causes.

❦

La loi moderne en multipliant la famille par la famille, a créé le plus horrible de tous les maux : l'individualisme.

❦

La tyrannie produit deux effets contraires dont les symboles existent dans deux grandes figures de l'esclavage antique : Épictète et Spartacus, la haine et ses sentiments mauvais, la résignation et ses tendresses patientes et calmes.

Il se rencontre des hommes qui sont charlatans d'extérieur et de bonne foi. Ces hommes se mentent à eux-mêmes. Montés sur leurs échasses, ils croient être sur leurs pieds, et font leurs jongleries avec une sorte d'innocence; leur vanité est dans leur sang; ils sont nés comédiens, vantards, extravagants de forme comme un vase chinois; ils riront peut-être d'eux-mêmes. Leur personnalité est d'ailleurs généreuse, et, comme l'éclat des vêtements royaux de Murat, elle attire le danger.

Ainsi va le monde littéraire : on n'y aime que ses inférieurs. Chacun est l'ennemi de quiconque tend à s'élever. Cette envie générale décuple les chances des gens médiocres qui n'excitent ni l'envie ni le soupçon, font leur chemin à la manière des taupes, et quelque sots qu'ils soient, se trouvent casés au *Moniteur* dans trois ou quatre places au moment où les gens de talent se battent encore à la porte pour s'empêcher d'entrer.

Le bon goût est autant dans la connaissance des choses qu'on doit taire, que dans celle des choses qu'on peut dire.

Les gens du monde causent aujourd'hui beaucoup trop chevaux, revenus, impôts, députés, pour que la conversation française reste ce qu'elle fut. L'esprit veut du loisir et certaines inégalités de position. On cause peut-être mieux à Saint-Pétersbourg et à Vienne qu'à Paris. Des égaux n'ont plus besoin de finesses, ils se disent alors tout bêtement les choses comme elles sont.

L'esprit passe pour une qualité rare chez les comédiens. Il est si naturel de supposer que les gens qui dépensent leur vie à tout mettre en dehors n'aient rien au dedans ! Mais si l'on pense au petit nombre d'acteurs et d'actrices qui vivent dans chaque siècle et à la quantité d'auteurs dramatiques et de femmes séduisantes que cette population a fournis, il est permis de réfuter cette opinion, qui repose sur une éternelle critique faite aux artistes, accusés tous de perdre leurs sentiments personnels dans l'expression plastique des passions ; tandis qu'ils n'y emploient que les forces de l'esprit, de la mémoire et de l'imagination. Les grands artistes sont des êtres qui, suivant un mot de Napoléon, interceptent à volonté la communication que la nature a mise entre les sens et la pensée.

❧❧❧

Cette curiosité d'être vus, semblable à celle qui précipiterait Paris vers le Jardin des Plantes pour y voir une licorne, si l'on en trouvait une de ces célèbres montagnes de la Lune, encore vierges des pas d'un Européen, enivre les esprits secondaires autant qu'elle attriste les âmes vraiment élevées.

❧❧❧

Il existe en nous plusieurs mémoires : le corps, l'esprit ont chacun la leur; et la nostalgie, par exemple, est une maladie de la mémoire physique.

❧❧❧

Chose étrange! presque tous les hommes d'action inclinent à la fatalité, de même que la plupart des penseurs inclinent à la Providence.

❧❧❧

Le monde a le droit d'être exigeant; il est si souvent trompé! Faire figure à Paris sans avoir une grande fortune, ou sans une industrie avouée, est une position que nul artifice ne peut rendre long-temps soutenable.

※

La nature arme toutes ses espèces des qualités nécessaires aux services qu'elle en attend. La société, c'est une autre nature.

※

Une fois marqués, une fois immatriculés, les espions et les condamnés ont pris, comme les diacres, un caractère indélébile. Il est des êtres auxquels l'état social imprime des destinations fatales.

※

La justice est un être de raison représenté par une collection d'individus sans cesse renouvelés dont les bonnes intentions et les souvenirs sont comme eux, excessivement ambulatoires. Les parquets, les tribunaux ne peuvent rien prévenir en fait de crimes; ils sont inventés pour les accepter tout faits. Sous ce rapport, une police préventive serait un bienfait pour le pays; mais le mot *police* effraie aujourd'hui le législateur, qui ne sait plus distinguer entre ces mots *gouverner, administrer, faire les lois.* Le législateur tend à tout absorber dans l'État, comme s'il pouvait agir !

Qu'un spéculateur se brûle la cervelle, qu'un agent de change prenne la fuite, qu'un notaire emporte les fortunes de cent ménages, ce qui est pis que de tuer un homme, qu'un banquier liquide, toutes ces catastrophes, oubliées à Paris en quelques mois, sont bientôt couvertes par l'agitation quasi-marine de cette grande cité. Les fortunes colossales des Jacques Cœur, des *Medicis*, des *Ango* de Dieppe, des *Auffredi* de La Rochelle, des *Fugger*, des *Tiepolo*, des *Corner*, furent jadis loyalement conquises par des priviléges dus à l'ignorance où l'on était des provenances de toutes les denrées précieuses; mais aujourd'hui les clartés géographiques ont si bien pénétré les masses, la concurrence a si bien limité les profits, que toute fortune rapidement faite est ou l'effet d'un hasard et d'une découverte, ou le résultat d'un vol légal.

Il n'y a rien de plus terrible que l'étiquette pour ceux qui l'admettent comme la loi la plus formidable de la société. Une grande catastrophe, la

chute d'un favori redoutable, est souvent consommée au seuil d'un cabinet par le mot d'un
huissier à visage de plâtre.

***

Pour être grand dans la misère, il suffit de ne
jamais s'avilir. L'homme qui combat et souffre en
marchant vers un noble but présente certes un beau
spectacle; mais à Paris qui se sent la force de
lutter? On escalade les rochers, on ne peut pas
toujours piétiner dans la boue. A Paris, tout dé-
courage l'essor en droite ligne d'un esprit qui tend
à l'avenir.

***

La politique actuelle oppose les unes aux autres
les forces humaines pour les centraliser, au lieu de
les combiner pour les faire agir dans un but quelconque. En s'en tenant à l'Europe, depuis César
jusqu'à Constantin, du petit Constantin au grand
Attila, des Huns à Charlemagne, de Charlemagne
à Léon X, de Léon X à Philippe II, de Philippe II
à Louis XIV, de Venise à l'Angleterre, de l'Angleterre à Napoléon, de Napoléon à l'Angleterre, je
ne vois aucune fixité dans la politique, et son agitation constante n'a procuré nul progrès. Les nations témoignent de leur grandeur par des mo-

numents, ou de leur bonheur par le bien-être individuel. Les monuments modernes valent-ils les anciens? J'en doute. Les arts qui participent plus immédiatement de l'homme individuel, les productions de son génie ou de sa main, ont peu gagné. Les jouissances de Lucullus valaient bien celles de Samuel Bernard, de Baujon ou du roi de Bavière. Enfin la longévité humaine a perdu. Pour qui veut être de bonne foi rien n'a donc changé, l'homme est le même : la force est toujours son unique loi, le succès sa seule sagesse. Mahomet ou Luther n'ont fait que colorer différemment le cercle dans lequel les jeunes peuples ont fait leurs évolutions. Nulle politique n'a empêché la civilisation, ses richesses, ses mœurs, son contrat entre les forts contre les faibles, ses idées et ses voluptés d'aller de Memphis à Tyr, de Tyr à Balbeck ; de Tedmor à Carthage, de Carthage à Rome, de Rome à Constantinople, de Constantinople à Venise, de Venise en Espagne, d'Espagne en Angleterre, sans que nul vestige n'existe de Memphis, de Tyr, de Carthage, de Rome ou d'Athènes. L'esprit de ces grands corps s'est envolé. Nul ne s'est préservé de la ruine et n'a deviné cet axiome : *Quand l'effet produit n'est plus en rapport avec sa cause, il y a désorganisation.* Le génie le plus subtil ne peut découvrir aucune liaison entre ces grands faits so-

ciaux. Aucune théorie politique n'a vécu. Les gouvernements passent comme les hommes, sans se
transmettre aucun enseignement, et nul système
n'engendre un système plus parfait. Que conclure
de la politique, quand le gouvernement appuyé sur
Dieu a péri dans l'Inde et en Égypte ; quand le
gouvernement du sabre et de la tiare a passé ; quand
le gouvernement d'un seul est mort ; quand le gouvernement de tous n'a jamais pu vivre ; quand aucune conception de la force intelligentielle, appliquée aux intérêts matériels, n'a pu durer, et que
tout est à refaire aujourd'hui comme à toutes les
époques où l'homme s'est écrié : *Je souffre?* Le
Code, que l'on regarde comme la plus belle œuvre de Napoléon, est l'œuvre la plus draconienne
que je sache. La divisibilité territoriale poussée à
l'infini, dont le principe y est consacré par le partage des biens, doit engendrer l'abâtardissement de
la nation, la mort des arts et celle des sciences. Le
sol trop divisé se cultive en céréales, en petits vé-
gétaux ; les forêts et partant les cours d'eau disparaissent ; il ne s'élève plus ni bœufs, ni chevaux.
Les moyens manquent pour l'attaque comme pour
la résistance. Vienne une invasion, le peuple est
écrasé ; il a perdu ses grands ressorts, il a perdu
ses chefs. Et voilà l'histoire des déserts. La politique est donc une science sans principes arrêtés,

sans fixité possible ; elle est le génie du moment, l'application constante de la force, suivant la nécessité du jour. L'homme qui verrait à deux siècles de distance dans l'avenir mourrait sur la place publique, chargé des imprécations du peuple, ou serait, ce qui me semble pis, flagellé par les mille fouets du ridicule. Les nations sont des individus qui ne sont ni plus sages ni plus forts que ne l'est l'homme, et leurs destinées sont les mêmes. Réfléchir sur celui-ci n'est-ce pas s'occuper de celles-là ? Au spectacle de cette société sans cesse tourmentée dans ses bases comme dans ses effets, dans ses causes comme dans son action, chez laquelle la philanthropie est une magnifique erreur et le progrès un non-sens, j'ai gagné la confirmation de cette vérité, que la vie est en nous et non au dehors ; que s'élever au-dessus des hommes pour leur commander est le rôle agrandi d'un régent de classe ; et que les hommes assez forts pour monter jusqu'à la ligne où ils peuvent jouir du coup d'œil des mondes ne doivent pas regarder à leurs pieds.

N'est-ce pas durant leur jeunesse que les peuples enfantent leurs dogmes, leurs idoles ? et les êtres surnaturels devant lesquels ils tremblent ne sont-ils pas la personnification de leurs sentiments, de leurs besoins agrandis ?

Un désir est un fait entièrement accompli dans notre volonté avant de l'être extérieurement.

Les événements qui attestent l'action de l'humanité, et qui sont le produit de son intelligence, ont des causes dans lesquelles ils sont préconçus, comme nos actions sont accomplies dans notre pensée avant de se reproduire au dehors ; les pressentiments ou les prophéties sont l'*aperçu* de ces causes.

La gloire est l'égoïsme divinisé.

Peut-être les mots matérialisme et spiritualisme expriment-ils les deux côtés d'un seul et même fait.

Ne faudrait-il pas retourner la science philosophique ? Nous nous occupons très-peu du prétendu

néant qui nous a précédés, et nous fouillons le
prétendu néant qui nous attend. Nous faisons Dieu
responsable de l'avenir, et nous ne lui demandons
aucun compte du passé. Cependant il est aussi nécessaire de savoir si nous n'avons aucune racine
dans l'antérieur que de savoir si nous sommes
soudés au futur.

❧

Tant qu'un beau génie n'aura pas rendu compte
de l'inégalité patente des intelligences, le sens général de l'humanité, le mot Dieu sera sans cesse mis
en accusation, et la société reposera sur des sables
mouvants. Le secret des différentes zones morales
dans lesquelles transite l'homme se trouvera dans
l'analyse de l'animalité tout entière. L'animalité n'a,
jusqu'à présent, été considérée que par rapport à
ses différences, et non dans ses similitudes ; dans ses
apparences organiques, et non dans ses facultés. Les
facultés animales se perfectionnent de proche en
proche, suivant des lois à rechercher. Ces facultés
correspondent à des forces qui les expriment, et ces
forces sont essentiellement matérielles, divisibles.
Des facultés matérielles ! songez à ces deux mots.
N'est-ce pas une question aussi insoluble que l'est
celle de la communication du mouvement à la matière, abîme encore inexploré, dont les difficultés

ont été plutôt déplacées que résolues par le système
de Newton.

⬤⬤⬤

Le même animal ne se ressemble plus sous la
Torride, dans l'Inde ou dans le Nord. Entre la ver-
ticalité et l'obliquité des rayons solaires il se développe une nature dissemblable et pareille qui, la
même dans son principe, ne se ressemble ni en
deçà, ni au delà dans ses résultats. Le phénomène
qui crève nos yeux dans le monde zoologique en
comparant les papillons du Bengale aux papillons
d'Europe est bien plus grand encore dans le monde
moral. Il faut un angle facial déterminé, une certaine quantité de plis cérébraux pour obtenir Co-
lomb, Raphaël, Napoléon, Laplace ou Beethoven;
la vallée sans soleil donne le crétin; tirez vos con-
clusions. Pourquoi ces différences dues à la distil-
lation plus ou moins heureuse de la lumière en
l'homme?

⬤⬤⬤

Quel beau livre ne composerait-on pas en racon-
tant la vie et les aventures d'un mot! Sans doute il
a reçu diverses impressions des événements auxquels il a servi; selon les lieux, il a réveillé des
idées différentes; mais n'est-il pas plus grand encore à considérer sous le triple aspect de l'âme,

du corps et du mouvement? A le regarder en lui-même, abstraction faite de ses fonctions, de ses effets et de ses actes, n'y a-t-il pas de quoi tomber dans un océan de réflexions? La plupart des noms ne sont-ils pas teints de l'idée qu'ils représentent extérieurement? A quel génie sont-ils dus? S'il faut une grande intelligence pour créer un mot, quel âge a donc la parole humaine? L'assemblage des lettres, leur forme, la figure qu'elles donnent à un mot, dessinent exactement, suivant le caractère de chaque peuple, des êtres inconnus dont le souvenir est en nous. Qui nous expliquera philosophiquement la transition de la sensation à la pensée, de la pensée au verbe, du verbe à son expression hiéroglyphique, des hiéroglyphes à l'alphabet, de l'alphabet à l'éloquence écrite, dont la beauté réside dans une suite d'images classées par les rhéteurs, et qui sont comme les hiéroglyphes de la pensée? L'antique peinture des idées humaines, configurées par les formes zoologiques, n'aurait-elle pas déterminé les premiers signes dont s'est servi l'Orient pour écrire ses langages? Puis, n'aurait-elle pas traditionnellement laissé quelques vestiges dans nos langues modernes, qui toutes se sont partagé les débris du verbe primitif des nations, verbe majestueux et solennel dont la majesté, dont la solennité décroissent à mesure que vieillissent les sociétés, dont les retentissements si sonores dans la Bible hébraïque, si beaux encore dans la Grèce, s'affaiblissent à travers les progrès de nos civilisations successives? Est-ce à cet ancien esprit que nous devons les mystères enfouis dans toute parole humaine? N'existe-t-il pas dans le mot *vrai* une sorte de rectitude fantastique? Ne se trouve-t-il pas dans le son bref qu'il exige une vague image de la chaste nudité, de la simplicité du vrai en toute chose? Cette syllabe respire je ne sais quelle fraîcheur. Il en est ainsi de chaque verbe, tous sont empreints d'un vivant pouvoir qu'ils tiennent de l'âme et qu'ils lui restituent par les mystères d'une action et d'une réaction merveilleuse entre la parole et la pensée.

Les faiblesses humaines sont essentiellement lâches, elles ne comportent ni paix ni trêve ; ce que vous leur avez accordé hier, elles l'exigent aujourd'hui, demain et toujours ; elles s'établissent dans les concessions et les étendent.

Nous sommes habitués à juger les autres d'après nous, et si nous les absolvons complaisamment de

nos défauts, nous les condamnons sévèrement de
ne pas avoir nos qualités.

Pourquoi les hommes ne regardent-ils pas sans
une émotion profonde toutes les ruines, même les
plus humbles? Sans doute elles sont pour eux une
image du malheur dont le poids est senti par eux
si diversement. Les cimetières font penser à la
mort, un village abandonné fait songer aux peines
de la vie; la mort est un malheur prévu, les peines
de la vie sont infinies. L'infini n'est-il pas le secret
des grandes mélancolies?...

Le bien obscurément fait ne tente plus personne.
Nous manquons essentiellement de la vertu civi-
que avec laquelle les grands hommes des anciens
jours rendaient service à la patrie en se mettant au
dernier rang quand ils ne commandaient pas. La
maladie de notre temps est la supériorité. Il y a
plus de saints que de niches. Avec la monarchie
nous avons perdu l'*honneur*, avec la religion de
nos pères la *vertu chrétienne*, avec nos infructueux
essais de gouvernement le *patriotisme*. Ces principes n'existent plus que partiellement au lieu d'a-

nimer les masses, car les idées ne périssent jamais.
Maintenant pour étayer la société, nous n'avons
d'autre soutien que l'*égoïsme*. Les individus croient
en eux. L'avenir, c'est l'homme social; nous ne
voyons plus rien au delà... Malheur au pays ainsi
constitué! Les nations, de même que les individus,
ne doivent leur énergie qu'à de grands sentiments.
Les sentiments d'un peuple sont ses croyances; au
lieu d'avoir des croyances, nous avons des intérêts. Si chacun ne pense qu'à soi et n'a de foi
qu'en lui-même, comment voulez-vous rencontrer
beaucoup de courage civil quand la condition de
cette vertu consiste dans le renoncement à soi-
même? Le courage civil et le courage militaire procèdent du même principe. Les uns sont appelés à
donner leur vie d'un seul coup, celle des autres
s'en va goutte à goutte. De chaque côté mêmes
combats sous d'autres formes.

   L'homme qui détruit et l'homme qui construit
sont deux phénomènes de volonté; l'un prépare,
l'autre achève l'œuvre. Le premier apparaît comme
le génie du mal, et le second semble être le génie
du bien. A l'un la gloire, à l'autre l'oubli. Le mal
possède une voix éclatante qui réveille les âmes

vulgaires et les remplit d'admiration, tandis que le bien est longtemps muet. L'amour-propre humain a bientôt choisi le rôle le plus brillant.

⊰⊱

En fait de civilisation, rien n'est absolu. Les idées qui conviennent à une contrée sont mortelles dans une autre, et il en est des intelligences comme des terrains.

⊰⊱

Si nous avons tant de mauvais administrateurs, c'est que l'administration comme le goût procède d'un sentiment très-élevé, très-pur. En ceci, le génie vient d'une tendance de l'âme et non d'une science. Personne ne peut apprécier ni les actes ni les pensées d'un administrateur; ses véritables juges sont loin de lui, les résultats plus éloignés encore.

⊰⊱

L'administration ne consiste pas à imposer aux masses des idées ou des méthodes plus ou moins justes, mais à imprimer aux idées mauvaises ou bonnes de ces masses une direction utile qui les fasse concorder au bien général. Si les préjugés et les routines d'une contrée aboutissent à une mauvaise voie, les habitants abandonnent d'eux-mêmes leurs erreurs. Toute erreur en économie rurale, politique ou domestique, ne constitue-t-elle pas des pertes que l'intérêt rectifie à la longue ?

Rien n'est plus variable que l'administration ; elle a peu de principes généraux. La loi est uniforme ; les mœurs, les terres, les intelligences ne le sont pas ; or, l'administration est l'art d'appliquer les lois sans blesser les intérêts, tout y est donc local.

Pour civiliser, pour créer des productions, il faut faire comprendre aux masses en quoi l'intérêt particulier s'accorde avec les intérêts nationaux, qui se résolvent par les faits, les intérêts et les principes.

Le dogme de la vie à venir est non-seulement une consolation, mais encore un instrument propre à gouverner. La religion n'est-elle pas la seule puissance qui sanctionne les lois sociales ? En l'absence de la religion, le gouvernement fut forcé d'inventer la Terreur pour rendre les lois exécutoires ; mais c'était une terreur humaine, elle a passé.

❧

Entre faire le mal ou faire le bien, il n'existe d'autre différence que la paix de la conscience ou son trouble ; la peine est la même.

❧

La société ne vit pas seulement par des idées morales ; pour subsister, elle a besoin d'actions en harmonie avec ses idées.

❧

Une religion est le cœur d'un peuple ; elle exprime ses sentiments et les agrandit en leur donnant une fin ; mais sans un Dieu visiblement honoré, la religion n'existe pas, et partant les lois humaines n'ont aucune vigueur. Si la conscience appartient à Dieu seul, le corps tombe sous la loi sociale ; or, n'est-ce pas un commencement d'athéisme que d'effacer les signes extérieurs d'une conviction religieuse ? Ne sont-ils pas institués pour indiquer aux enfants qui ne réfléchissent pas encore, et à tous les gens qui ont besoin d'exemples, la nécessité d'obéir aux lois, par une résignation

patente aux ordres de la Providence, qui frappe
et console, qui donne et ôte les biens de ce
monde?

※

La base des sociétés humaines sera toujours la
famille. Là commence l'action du pouvoir et de la
loi, là du moins doit s'apprendre l'obéissance. Vus
dans toutes leurs conséquences, l'esprit de famille
et le pouvoir paternel sont deux principes encore
trop peu développés dans notre système législatif.
La famille, la commune, le département, tout
notre pays est pourtant là. Les lois devraient donc
être basées sur ces trois grandes divisions.

※

Ce qui a fait la force du catholicisme, ce qui l'a
si profondément enraciné dans les mœurs, c'est pré-
cisément l'éclat avec lequel il apparaît dans les circonstances graves de la vie pour les environner de
pompes si naïvement touchantes, si grandes, lorsque le prêtre se met à la hauteur de sa mission et
qu'il sait accorder son office avec la sublimité de
la morale chrétienne.

※

Religion veut dire lien, et certes le culte, ou,
autrement dit, la religion exprimée, constitue la

seule force qui puisse relier les espèces sociales et
leur donner une forme durable.

⟡

Les gens auxquels le pouvoir est momentanément
confié n'ont jamais pensé sérieusement aux déve-
loppements nécessaires d'une injustice commise envers un homme du peuple. Un pauvre, obligé de
gagner son pain quotidien, ne lutte pas longtemps,
il est vrai, mais il parle, et trouve des échos dans
tous les cœurs souffrants. Une seule iniquité se
multiplie par le nombre de ceux qui se sentent
frappés en elle. Ce levain fermente. Ce n'est rien
encore; il en résulte un plus grand mal. Ces in-
justices entretiennent chez le peuple une sourde
haine envers les supériorités sociales. Le bourgeois
devient et reste l'ennemi du pauvre, qui le met
hors la loi, le trompe et le vole. Pour le pauvre, le
vol n'est plus ni un délit, ni un crime, mais une
vengeance. Si, quand il s'agit de rendre justice aux
petits, un administrateur les maltraite et filoute
leurs droits acquis, comment pouvons-nous exiger
de malheureux sans pain résignation à leurs peines
et respect aux propriétés?

⟡

Certaines gens, qui n'ont jamais mesuré l'excès des souffrances, accusent d'excès les vengeances populaires ! Mais le jour où le gouvernement a causé plus de malheurs individuels que de prospérités, son renversement ne tient qu'à un hasard ; en le renversant, le peuple solde ses comptes à sa manière.

※

Lorsqu'on a commencé une tâche, il est quelque chose en nous qui nous pousse à ne pas la laisser imparfaite. Ce besoin d'ordre et de perfection est un des signes les plus évidents d'une destinée à venir.

※

La vie humaine est sans doute une dernière épreuve pour la vertu comme pour le génie également réclamés par un monde meilleur. La vertu, le génie me semblent les deux plus belles formes de ce complet et constant dévouement que Jésus-Christ est venu apprendre aux hommes. Le génie reste pauvre en éclairant le monde ; la vertu garde le silence en se sacrifiant pour le bien général.

※

Le patriotisme n'inspire que des sentiments passagers, la religion les rend durables. Le patriotisme est un oubli momentané de l'intérêt personnel, tandis que le christianisme est un système complet d'opposition aux tendances dépravées de l'homme.

Voyez combien le doigt de Dieu s'est imprimé fortement dans les choses humaines en y touchant par la main de son vicaire ! Les hommes ont beaucoup perdu à sortir des voies tracées par le catholicisme. L'Église, de laquelle peu de personnes s'avisent de lire l'histoire, et que l'on juge d'après certaines opinions erronées, répandues à dessein dans le peuple, a offert le modèle parfait du gouvernement que les hommes cherchent à établir aujourd'hui. Le principe de l'élection en a fait longtemps une grande puissance politique. Il n'y avait pas autrefois une seule institution religieuse qui ne fût basée sur la liberté, sur l'égalité. Toutes les voix coopéraient à l'œuvre. Le principal, l'abbé, l'évêque, le général d'ordre, le pape, étaient alors choisis consciencieusement d'après les besoins de l'Église ; ils en exprimaient la pensée ; aussi l'obéissance la plus aveugle leur était-elle due. Sans parler des bienfaits sociaux de cette pensée, qui a fait les nations modernes, inspiré tant de poëmes, de cathédrales, de statues, de tableaux et d'œuvres musicales, je ferai seulement observer que les élections plébéiennes, le jury et les deux chambres ont pris racine dans les conciles provinciaux et œcuméniques, dans l'épiscopat et le collège des cardinaux, à cette différence près que les idées philosophiques actuelles sur la civilisation me semblent pâlir devant la sublime et divine idée de la communion catholique, image d'une communion humaine universelle, accomplie par le Verbe et par le fait réunis dans le dogme religieux. Il sera difficile aux nouveaux systèmes politiques, quelque parfaits qu'on les suppose, de recommencer les merveilles dues aux âges où l'Église soutenait l'intelligence humaine.

Les grandes choses sociales ne se font que par la puissance des sentiments, qui seule peut réunir les hommes, et le philosophisme moderne a basé les lois sur l'intérêt personnel, qui tend à les isoler. Autrefois plus qu'aujourd'hui se rencontraient, parmi les nations, des hommes généreusement animés d'une maternelle tendresse pour les souffrances des masses et pour leurs droits méconnus. Aussi le prêtre, enfant de la classe moyenne, s'opposait-il à la force matérielle et défendait-il les peuples contre leurs ennemis. L'Église a eu des possessions territoriales, et ses intérêts temporels, qui paraissaient devoir la consolider, ont fini par affaiblir son action. En effet, le prêtre a-t-il des propriétés privilégiées, il semble oppresseur; l'État le paye-t-il, il est un fonctionnaire, il doit son temps, son cœur, sa vie; les citoyens lui font un devoir de ses vertus, et sa bienfaisance, tarie dans le principe du libre arbitre, se dessèche dans son cœur. Mais que le prêtre soit pauvre, qu'il soit volontairement prêtre, sans autre appui que Dieu, sans autre fortune que le cœur des fidèles, il redevient le missionnaire de l'Amérique, il s'institue apôtre, il est le prince du bien, enfin il ne règne que par le dénûment, et il succombe par l'opulence.

Le législateur doit être supérieur à son siècle. Il constate la tendance des erreurs générales, et précise les points vers lesquels inclinent les idées d'une nation; il travaille donc encore plus pour l'avenir que pour le présent, plus pour la génération qui grandit que pour celle qui s'écoule. Or, si vous appelez la masse à faire la loi, la masse peut-elle être supérieure à elle-même? Non. Plus l'assem-

blée représentera fidèlement les opinions de la
foule, moins elle aura l'entente du gouvernement,
moins ses vues seront élevées, moins précise, plus
vacillante, sera sa législation ; car la foule, fût-elle
la plus intelligente, ne peut avoir et n'aura jamais
pour éléments et pour résultats que le désordre,
la confusion et le tumulte. La loi emporte un
assujettissement à des règles ; toute règle est en
opposition aux mœurs naturelles, aux intérêts de
l'individu. La masse portera-t-elle des lois contre
elle-même ? Non. Souvent la tendance des lois doit
être en raison inverse de la tendance des mœurs.
Mouler les lois sur les mœurs générales, ne serait-ce
pas donner en Espagne des primes d'encourage-
ment à la fainéantise ; en Angleterre à l'esprit
mercantile ; en Italie à l'amour des arts destinés à
exprimer la société, mais qui ne peuvent pas être
toute la société ; en Allemagne à ces divagations
oiseuses et stériles qu'on nomme philosophie en
ces pays-là ; en France à l'esprit de légèreté, à la
vogue des idées, à la facilité de nous séparer en
factions, qui nous ont toujours dévorés ? Qu'est-il
arrivé depuis plus de quarante ans que les colléges
électoraux mettent la main aux lois ? Nous avons
quarante mille lois. Un peuple qui a quarante mille
lois n'a pas de loi. Cinq cents intelligences médiocres, car un siècle n'a pas plus de cent intelli-

gences vraiment grandes à son service, peuvent-elles avoir la force de s'élever à ces considérations ? Non. Les hommes inconnus souvent, sortis de cinq cents localités différentes, ne comprendront jamais d'une même manière l'esprit de la loi, et la loi doit être une. Mais je vais plus loin. Tôt ou tard une assemblée tombe sous le sceptre d'un homme, et au lieu d'avoir des dynasties de rois, vous avez les changeantes et coûteuses dynasties des premiers ministres. Au bout de toute délibération se trouvent Mirabeau, Danton, Robespierre ou Napoléon, des proconsuls ou un empereur. En effet, il faut une quantité déterminée de force pour soulever un poids déterminé. Cette force peut être distribuée sur un plus ou moins grand nombre de leviers ; mais, en définitive, la force doit être proportionnée au poids ; ici, le poids est la masse ignorante et souffrante qui forme la première assise de toutes les sociétés. Le pouvoir, étant répressif de sa nature, a besoin d'une grande concentration pour opposer une résistance égale au mouvement populaire. Si vous admettez des gens de talent, ils se soumettent à cette loi naturelle et y soumettent le pays ; si vous assemblez des hommes médiocres, ils sont vaincus tôt ou tard par le génie supérieur : le député de talent sent la raison d'État, le député médiocre transige avec la force. En somme, une

assemblée cède à une idée, comme la Convention
pendant la Terreur; à une puissance, comme le
Corps législatif sous Napoléon; à un système ou à
l'argent, comme aujourd'hui (1845).

❦

Si une nation est vieillie, si le philosophisme et
l'esprit de discussion l'ont corrompue jusqu'à la
moelle des os, cette nation marche au despotisme
malgré les formes de la liberté; de même que les
peuples sages savent presque toujours trouver la
liberté sous les formes du despotisme. De tout ceci
résulte la nécessité d'une grande restriction dans
les droits électoraux, la nécessité d'un pouvoir fort,
la nécessité d'une religion puissante qui rende le
riche ami du pauvre, et commande au pauvre une
entière résignation.

❦

A chacun sa pensée, a dit le christianisme; à
chacun son champ, a dit la loi moderne. La loi
moderne s'est mise en harmonie avec le christianisme. A chacun sa pensée est la consécration des
droits de l'intelligence, à chacun son champ est la
consécration de la propriété due aux efforts du travail. De là notre société. La nature a basé la vie
humaine sur le sentiment de la conservation indi-

viduelle, la vie sociale s'est fondée sur l'intérêt personnel. En écrasant ces deux sentiments égoïstes sous la pensée d'une vie future, la religion modifie la dureté des contacts sociaux. Ainsi Dieu tempère les souffrances que produit le frottement des intérêts par le sentiment religieux qui fait une vertu de l'oubli de soi-même, comme il a modéré par des lois inconnues les frottements dans le mécanisme de ses mondes. Le christianisme dit au pauvre de souffrir le riche, au riche de soulager les misères du pauvre ; ce peu de mots n'est-il pas l'essence de toutes les lois divines et humaines ?

Un grand ministre est une grande pensée écrite sur toutes les années du siècle dont la splendeur et les prospérités ont été préparées par lui. La constance est la vertu qui lui est la plus nécessaire ; mais aussi, en toute chose humaine, la constance n'est-elle pas la plus haute expression de la force ? Nous voyons depuis quelque temps trop d'hommes n'avoir que des idées ministérielles au lieu d'avoir des idées nationales, pour ne pas admirer le véritable homme d'État comme celui qui nous offre la plus immense poésie humaine. Toujours voir au delà du moment et devancer la destinée ; être au-

dessus du pouvoir et n'y rester que par le sentiment de l'utilité dont on est, sans s'abuser sur ses
forces ; dépouiller ses passions et même toute ambition vulgaire pour demeurer maître de ses facultés, pour prévoir, vouloir et agir sans cesse ; se
faire juste et absolu, maintenir l'ordre en grand,
imposer silence à son cœur, et n'écouter que son
intelligence ; n'être ni défiant, ni confiant, ni dou-
teur, ni crédule, ni reconnaissant, ni ingrat, ni en
arrière avec un événement, ni surpris par une
pensée ; vivre enfin par le sentiment des masses, et
toujours les dominer en étendant les ailes de son
esprit, le volume de sa voix et la pénétration de
son regard, en voyant non pas les détails mais les
conséquences de toute chose, n'est-ce pas être un
peu plus qu'un homme ? Aussi les noms de ces
grands et nobles pères des nations devraient-ils
être à jamais populaires.

De toutes les pratiques du monde, la louange
est la plus habilement perfide. A Paris surtout, les
politiques en tout genre savent étouffer un talent,
dès sa naissance, sous des couronnes profusément
jetées dans son berceau.

La médiocrité suffit à toutes les heures de la vie ; elle est le vêtement journalier de la société. Tout ce qui sort de l'ombre douce projetée par les gens médiocres est quelque chose de trop éclatant. Le génie, l'originalité, sont des bijoux que l'on doit serrer et garder pour s'en parer à certains jours.

Le propre des doctrines absolues est d'agrandir les plus simples actions en les rattachant à la vie future ; de là cette magnifique et suave pureté du cœur, ce respect des autres et de soi-même ; de là je ne sais quel chatouilleux sentiment du juste et de l'injuste ; puis une grande charité, mais aussi l'équité stricte et, pour tout dire, implacable ; enfin une profonde horreur pour les vices, surtout pour le mensonge, qui les comprend tous.

Tout devient grave dans la vie humaine quand l'éternité pèse sur la plus légère de nos déterminations. Lorsque cette idée agit de toute sa puissance sur l'âme d'un homme et lui fait sentir en lui je ne sais quoi d'immense qui le met en contact avec l'infini, les choses changent étrangement. De ce point de vue, la vie est bien grande et bien petite.

La gloire des évangélistes et la preuve de leur mission est moins d'avoir fait des lois que d'avoir répandu sur la terre l'esprit nouveau des lois nouvelles.

En se laissant crucifier, Jésus-Christ ne nous a-t-il pas enseigné à obéir à toutes les lois humaines, fussent-elles injustement appliquées?

La société procède comme l'Océan; elle reprend son niveau, son allure après un désastre, et en efface la trace par le flux et reflux de ses intérêts dévorants.

La solitude a des charmes comparables à ceux de la vie sauvage, qu'aucun Européen n'a quittée après y avoir goûté. Ceci peut paraître étrange dans une époque où chacun vit si bien pour autrui que tout le monde s'inquiète de chacun, et que la vie privée n'existera bientôt plus, tant les yeux du journal, Argus moderne, gagnent en hardiesse, en avidité; néanmoins cette proposition s'appuie de l'autorité des six premiers siècles du christianisme, pendant lesquels aucun solitaire ne revint à la vie sociale. Il est peu de plaies morales que la solitude ne guérisse.

✻

Il est impossible de ne pas être saisi par la lecture de l'Imitation, qui est au dogme ce que l'action est à la pensée. Le catholicisme y vibre, s'y meut, s'y agite, s'y prend corps à corps avec la vie humaine. Ce livre est un ami sûr ; il parle à toutes les passions, à toutes les difficultés même mondaines ; il résout toutes les objections, il est plus éloquent que tous les prédicateurs, car sa voix est la vôtre, elle s'élève dans votre cœur, et vous l'entendez par l'âme ; c'est enfin l'Évangile traduit, approprié à tous les temps, superposé à toutes les situations.

✻

Le charme d'une vie où chaque heure a son emploi, le retour de travaux connus à des moments déterminés, la régularité enfin rend raison de bien des existences heureuses, et prouve combien les fondateurs des ordres religieux avaient profondément médité sur la nature de l'homme.

✻

La loi qui régit la nature physique, relativement à l'influence des milieux atmosphériques pour les conditions d'existence des êtres qui s'y développent, régit également la nature morale ; d'où il suit que la réunion des condamnés est un des plus grands crimes sociaux, et que leur isolement est une expérience d'un succès douteux. Les condamnés devraient être livrés à des institutions religieuses et environnés des prodiges du bien au lieu de rester au milieu des énormités du mal. On peut attendre en ce genre un dévouement entier de la part de l'Église ; si elle envoie des missionnaires au milieu des nations sauvages ou barbares, avec quelle joie ne donnerait-elle pas à des ordres religieux la mission de recevoir les sauvages de la civilisation pour les catéchiser ! car tout criminel est athée, et souvent sans le savoir.

Le banquier est un conquérant qui sacrifie des masses pour arriver à des résultats cachés ; ses soldats sont les intérêts des particuliers. Il a ses stratagèmes à combiner, ses embuscades à tendre, ses partisans à lancer, ses villes à prendre. La plupart de ces hommes sont si contigus à la politique, qu'ils finissent par s'en mêler, et leurs fortunes y succombent. La maison Necker s'y est perdue, le fameux Samuel Bernard s'y est presque ruiné. Dans chaque siècle, il se trouve un banquier de fortune colossale qui ne laisse ni fortune ni successeur. Les frères Páris, qui contribuèrent à abattre Law, et Law lui-même, auprès de qui tous ceux qui inventent des sociétés par actions sont des pygmées, Bouret, Baujon, tous ont disparu sans se faire représenter par une famille. Comme le temps, la banque dévore ses enfants. Pour pouvoir subsister, le banquier doit devenir noble, fonder une dynastie comme les prêteurs de Charles-Quint, les Fugger, créés princes de Babenhausen, et qui existent encore... dans l'Almanach de Gotha. La banque cherche la noblesse par instinct de conservation, et sans le savoir peut-être. Jacques Cœur a fait une grande maison noble, celle de Noirmoutier, éteinte sous Louis XIV. Quelle énergie chez cet homme, ruiné pour avoir fait un roi légitime ! Il est mort prince d'une île de l'Archipel où il a bâti une magnifique cathédrale.

Quand les rois de France eurent des ministres, ils se firent faire des rapports sur des questions importantes, au lieu de tenir, comme autrefois, conseil avec les grands de l'État. Insensiblement les ministres furent amenés par leurs bureaux à imiter les rois. Occupés à se défendre devant les deux chambres et devant la cour, ils se laissèrent mener

par les lisières du rapport. Il ne se présenta rien
d'important dans l'administration que le ministre à
la chose la plus urgente ne répondît : « J'ai demandé un rapport. » Le rapport devint ainsi, pour
l'affaire et pour le ministre, ce qu'est le rapport à
la chambre des députés pour les lois : une consul-
tation où sont traitées les raisons contre et pour
avec plus ou moins de partialité. Le ministre, de
même que la chambre, se trouve tout aussi avancé
avant qu'après le rapport. Toute espèce de parti se
prend en un instant ; quoi qu'on fasse, il faut arriver au moment où l'on se décide. Plus on met
en bataille de raisons pour et de raisons contre,
moins le jugement est sain. Les plus belles choses
de la France se sont accomplies quand il n'existait
pas de rapport et que les décisions étaient spontanées. La loi suprême de l'homme d'État est d'appliquer des formules précises à tous les cas, à la
manière des juges et des médecins.

La Restauration et la révolution polonaise de 1831
ont su démontrer aux nations comme aux princes ce
que vaut un homme, et ce qui leur arrive quand il
leur manque. Le dernier et le plus grand défaut des
hommes d'État de la Restauration fut leur honnê-

teté dans une lutte où leurs adversaires employaient toutes les ressources de la friponnerie politique, le mensonge et les calomnies, en déchaînant contre eux, par les moyens les plus subversifs, les masses inintelligentes, habiles seulement à comprendre et à pratiquer le désordre.

***

Les événements ne sont jamais absolus, leurs résultats dépendent entièrement des individus. Le malheur est un marchepied pour le génie, une piscine pour le chrétien, un trésor pour l'homme habile, pour les faibles un abîme.

***

Toute existence a son apogée, une époque pendant laquelle les causes agissent et sont eu rapport exact avec les résultats. Ce midi de la vie, où les forces vives s'équilibrent et se produisent dans tout leur éclat, est non-seulement commun aux êtres organisés, mais encore aux nations, aux idées, aux institutions, aux commerces, aux entreprises qui, semblables aux races nobles et aux dynasties, naissent, s'élèvent et tombent. D'où vient la rigueur avec laquelle ce thème de croissance et de décroissance s'applique à tout ce qui s'organise ici-bas?

car la mort elle-même a, dans les temps de fléau,
son progrès, son ralentissement, sa recrudescence
et son sommeil. Notre globe lui-même est peut-être
une fusée un peu plus durable que les autres. L'histoire, en redisant les causes de la grandeur et de
la décadence de tout ce qui fut ici-bas, pourrait
avertir l'homme du moment où il doit arrêter le jeu
de toutes ses facultés; mais ni les conquérants, ni
les acteurs, ni les femmes, ni les auteurs, n'en
écoutent la voix salutaire.

Pour les gens qui prennent au sérieux la société,
l'appareil de la justice a je ne sais quoi de grand
et de grave. Les institutions dépendent entièrement
des sentiments que les hommes y attachent et des
grandeurs dont elles sont revêtues par la pensée.
Aussi quand il n'y a plus, non pas de religion,
mais de croyance chez un peuple, quand l'éducation première y a relâché tous les liens conservateurs en habituant l'enfant à une impitoyable
analyse, une nation est-elle dissoute, car elle ne
fait plus corps que par les ignobles soudures de
l'intérêt matériel, par les commandements du culte
que crée l'égoïsme bien entendu. La justice n'est
acceptée pour ce qu'elle devrait être aux yeux des

hommes que par les âmes nourries d'idées religieuses ; elle leur apparaît comme une représen-
tation de la société même, comme une auguste
expression de la loi consentie, indépendante de la
forme sous laquelle elle se produit : plus le magistrat est vieux, cassé, blanchi, plus solennel est
d'ailleurs l'exercice de son sacerdoce, qui veut une
étude si profonde des hommes et des choses, qui
sacrifie le cœur et l'endurcit à la tutelle d'intérêts
palpitants.

Dans toutes les créations, la tête a sa place mar-
quée. Si par hasard une nation fait tomber son chef
à ses pieds, elle s'aperçoit tôt ou tard qu'elle s'est
suicidée. Comme les nations ne veulent pas mourir, elles travaillent alors à se refaire une tête.
Quand la nation n'en a plus la force, elle périt
comme ont péri Rome, Venise, et tant d'autres. La
distinction introduite par la différence des mœurs
entre les autres sphères d'activité sociale et la
sphère supérieure implique nécessairement une valeur réelle, capitale, chez les sommités aristocra-
tiques. Dès qu'en tout État, sous quelque forme
qu'affecte le *gouvernement*, les patriciens manquent
à leurs conditions de supériorité complète, ils deviennent sans force, et le peuple les renverse aus-

sitôt. Le peuple veut toujours leur voir aux mains, au cœur et à la tête, la fortune, le pouvoir et l'action; la parole, l'intelligence et la gloire. Sans cette triple puissance, tout privilége s'évanouit. Les peuples, comme les femmes, aiment la force en quiconque les gouverne, et leur amour ne va pas sans le respect; ils n'accordent point leur obéissance à qui ne l'impose pas.

※

L'égalité peut être un *droit*, mais aucune puissance humaine ne saurait le convertir en *fait*. Il serait bien utile pour le bonheur de la France d'y populariser cette pensée. Aux masses les moins intelligentes se révèlent encore les bienfaits de l'harmonie politique. L'harmonie est la poésie de l'ordre, et les peuples ont un vif besoin d'ordre.

※

La France est le seul pays où quelque petite phrase puisse faire une grande révolution. Les masses ne s'y sont jamais révoltées que pour essayer de mettre d'accord les hommes, les choses et les principes. Or, nulle autre nation ne sent mieux la pensée d'unité qui doit exister dans les sphères supérieures de la société; peut-être parce que nulle autre n'a mieux compris les nécessités politiques, à leur moment précis. L'histoire ne la trouvera jamais en arrière. La France est souvent trompée, mais comme une femme l'est, par des idées généreuses, par des sentiments chaleureux dont la portée échappe d'abord au calcul.

***

Les temps sont changés, et aussi les armes. Le banneret, à qui suffisait jadis de porter la cotte de mailles, le haubert, de bien manier la lance et de montrer son pennon, doit aujourd'hui faire preuve d'intelligence, et là où il n'était besoin que d'un grand cœur, il faut de nos jours un large crâne. L'art, la science et l'argent forment le triangle social où s'inscrit l'écu du pouvoir, et d'où doit procéder la moderne aristocratie. Un beau théorème vaut un grand nom. Les Rothschild, ces Fugger modernes, sont princes de fait. Un grand artiste est réellement un oligarque, il représente tout un siècle, et devient presque toujours une loi. Ainsi le talent de la parole, les machines à haute pression de l'écrivain, le génie du poëte, la constance du commerçant, la volonté de l'homme d'État, qui concentre en lui mille qualités éblouissantes, le glaive du général, ces conquêtes personnelles faites par un seul

sur toute la société pour lui imposer, la classe
aristocratique doit s'efforcer d'en avoir aujourd'hui
le monopole, comme jadis elle avait celui de la
force matérielle.

❦

Pour rester à la tête d'un pays, ne faut-il pas
être toujours digne de le conduire, en être l'âme
et l'esprit, pour en faire agir les mains? Comment
mener un peuple sans avoir la puissance qui fait le
commandement? Que serait le bâton des maréchaux sans la force intrinsèque du capitaine qui le
tient à la main? Le faubourg Saint-Germain a joué
avec des bâtons, en croyant qu'ils étaient tout le
pouvoir; il avait renversé les termes de la proposition qui commande son existence; au lieu de
jeter les insignes qui choquaient le peuple et de
garder secrètement la force, il a laissé saisir la
force à la bourgeoisie, s'est cramponné fatalement
aux insignes, et a constamment oublié les lois que
lui imposait sa faiblesse numérique. Une aristocratie qui personnellement fait à peine le millième
d'une société, doit aujourd'hui, comme jadis, y
multiplier ses moyens d'action pour y opposer,
dans les grandes crises, un poids égal à celui des
masses populaires. De nos jours, les moyens d'ac-

tion doivent être des forces réelles, et non des souvenirs historiques.

※

Le peuple a ses phénomènes de vertu, ses hommes complets, ses Napoléons inconnus, qui sont le type de ses forces portées à leur plus haute expression, et résument sa portée sociale dans une existence où la pensée et le mouvement se combinent moins pour y jeter de la joie que pour y régulariser l'action de la douleur.

※

Les gens du monde ont de bonne heure fourbu leur nature; n'étant occupés qu'à se fabriquer de la joie, ils ont promptement abusé de leurs sens, comme l'ouvrier abuse de l'eau-de-vie. Le plaisir est comme certaines substances médicales; pour obtenir constamment les mêmes effets, il faut doubler les doses, et la mort ou l'abrutissement est contenu dans la dernière.

※

Les idées se projettent en raison directe de la force avec laquelle elles se conçoivent, et vont frapper là où le cerveau les envoie, par une loi

mathématique comparable à celle qui dirige les
bombes au sortir du mortier. Divers en sont les
effets. S'il est des natures tendres où les idées se
logent et qu'elles ravagent, il est aussi des natures
vigoureusement munies, des crânes à remparts
d'airain sur lesquels les volontés des autres s'aplatissent et tombent comme les balles devant une
muraille ; puis il est encore des natures flasques et
cotonneuses où les idées d'autrui viennent mourir
comme des boulets s'amortissent dans la terre molle
des redoutes.

Si la jeunesse qui n'a pas encore failli est sans
indulgence pour les fautes des autres, elle lui prête
aussi ses magnifiques croyances. Il faut, en effet,
avoir bien expérimenté la vie avant de reconnaître
que, suivant un beau mot de Raphaël, comprendre
c'est égaler. En général, le sens nécessaire à l'intelligence de la poésie est rare en France, où l'esprit
dessèche promptement la source des saintes larmes
de l'extase, où personne ne veut prendre la peine
de défricher le sublime, de le sonder pour en percevoir l'infini.

Le mineur a moins de peine à extraire l'or de
la mine que les poëtes n'en ont à arracher leurs

images aux entrailles de la plus ingrate des langues ;
leurs douleurs sont ignorées, personne ne sait leurs
travaux. Si le but de la poésie est de mettre les
idées au point précis où tout le monde peut les voir
ou les sentir, le poëte doit incessamment parcourir
l'échelle des intelligences humaines, afin de les satisfaire toutes ; il doit cacher sous les plus vives
couleurs la logique et le sentiment, deux puissances
ennemies ; il lui faut enfermer tout un monde de
pensées dans un mot, résumer des philosophies entières par une peinture ; enfin, ses vers sont des
graines dont les fleurs doivent éclore dans les cœurs,
en y cherchant les sillons creusés par les sentiments
personnels. Ne faut-il pas avoir tout senti pour tout
rendre ? Et sentir vivement, n'est-ce pas souffrir ?
Aussi les poésies ne s'enfantent-elles qu'après de
pénibles voyages entrepris dans les vastes régions
de la pensée et de la société. N'est-ce pas des travaux immortels que ceux auxquels nous devons des
créatures dont la vie devient plus authentique que
celle des êtres qui ont véritablement vécu, comme
la *Clarisse* de Richardson, l'*Angélique* de l'Arioste,
la *Francesca* de Dante, l'*Alceste* et la *Célimène* de
Molière, la *Jeanie Deans* de Walter Scott, le *Don
Quichotte* de Cervantès, le *Figaro* de Beaumarchais, etc. ?

On ne peut être grand homme à bon marché, le génie arrose ses œuvres de ses larmes. Le talent est une créature morale qui a, comme tous les êtres, une enfance sujette à des maladies. La société repousse les talents incomplets, comme la nature emporte les créatures faibles ou mal conformées. Qui veut s'élever au-dessus des hommes doit se préparer à une lutte, ne reculer devant aucune difficulté. Un grand écrivain est un martyr voué à l'immortalité.

Les partis sont ingrats envers leurs vedettes, ils abandonnent volontiers leurs enfants perdus; c'est surtout en politique qu'il est nécessaire à ceux qui veulent parvenir d'aller avec le gros de l'armée.

Dans les pays dévorés par le sentiment d'insubordination sociale caché sous le nom *égalité*, tout triomphe est un de ces miracles qui ne va pas, comme certains miracles d'ailleurs, sans la coopération d'adroits machinistes. Sur dix ovations obtenues par des hommes vivants et décernées au sein de la patrie, il y en a neuf dont les causes sont étrangères au glorieux couronné. Le triomphe de Voltaire sur les planches du Théâtre-Français n'é-

tait-il pas celui de la philosophie de son siècle ?
En France on ne peut triompher que quand tout le
monde se couronne sur la tête du triomphateur.

⁂

Avoir une prétention et la justifier est l'impertinence de la force ; mais être au-dessous de ses
prétentions avouées constitue un ridicule qui devient la pâture des petits esprits.

⁂

Les partis commettent, en masse, des actions
infâmes qui couvriraient un homme d'opprobre ;
aussi, quand un homme les résume aux yeux de la
foule, devient-il Robespierre, Jeffries, Laubarde-
mont, espèces d'autels expiatoires où tous les complices attachent des *ex-voto* secrets.

⁂

La conviction est la volonté humaine arrivée à
sa plus grande puissance. Tout à la fois effet et
cause, elle impressionne les âmes les plus froides,
elle est une sorte d'éloquence muette qui saisit les
masses.

⁂

Nécessairement temporaire, incessamment divisée, recomposée pour se dissoudre encore, sans liens entre l'avenir et le passé, la famille d'autrefois n'existe plus en France. Ceux qui ont procédé à la démolition de l'ancien édifice ont été logiques en partageant également les biens de la famille, en amoindrissant l'autorité du père, en faisant de tout enfant le chef d'une nouvelle famille, en supprimant les grandes responsabilités; mais l'état social reconstruit est-il aussi solide avec ses jeunes lois encore sans longues épreuves, que la monarchie l'était malgré ses anciens abus? En perdant la solidarité des familles, la société a perdu cette force fondamentale que Montesquieu avait découverte et nommée l'*honneur*. Elle a tout isolé pour mieux dominer, elle a tout partagé pour affaiblir. Elle règne sur des unités, sur des chiffres, agglomérés comme des grains de blé dans un tas. Les intérêts généraux peuvent-ils remplacer les familles? Le temps a le mot de cette grande question.

Je ne comprends pas qu'on devienne prêtre par des raisons autres que les indéfinissables puissances de la vocation. Je sais que plusieurs hommes se sont faits les ouvriers de la vigne du Seigneur après avoir usé leur cœur au service des passions : les uns ont aimé sans espoir, les autres ont été trahis, ceux-ci ont perdu la fleur de leur vie en ensevelissant soit une épouse chérie, soit une maîtresse adorée; ceux-là sont dégoûtés de la vie sociale à une époque où l'incertain plane sur toutes choses, même sur les sentiments, où le doute se joue des plus douces certitudes en les appelant des croyances. Plusieurs abandonnent la politique à une époque où le pouvoir semble être une expiation quand le gouverné regarde l'obéissance comme une fatalité. Beaucoup quittent une société sans drapeaux, où les contraires s'unissent pour détrôner le bien. Je ne suppose pas qu'on se donne à Dieu par une pensée cupide. Quelques hommes peuvent voir dans la prêtrise un moyen de régénérer notre patrie. Comme si le prêtre patriote n'était pas un non-sens? Le prêtre ne doit appartenir qu'à Dieu.

Les âmes qui épousent vivement les impressions, les misères, les passions, les souffrances de ceux auxquels elles s'intéressent, les ressentent en effet, mais d'une manière horrible, en ce qu'elles peuvent en mesurer l'étendue qui échappe aux gens

14

aveuglés par l'intérêt du cœur ou par le paroxysme des douleurs.

⊱⋇⊰

Le *droit*, inventé pour protéger les sociétés, est établi sur l'égalité. La société, qui n'est qu'un ensemble de faits, est basée sur l'inégalité. Il existe donc un désaccord entre le fait et le droit. La société doit-elle marcher réprimée ou favorisée par la loi? En d'autres termes, la loi doit-elle s'opposer au mouvement intérieur social pour maintenir la société, ou doit-elle être faite d'après ce mouvement pour la conduire? Depuis l'existence des sociétés, aucun législateur n'a osé prendre sur lui de décider cette question. Tous les législateurs se sont contentés d'analyser les faits, d'indiquer les actes blâmables ou criminels, et d'y attacher des punitions ou des récompenses. Telle est la loi humaine : elle n'a ni les moyens de prévenir les fautes, ni les moyens d'en éviter le retour chez ceux qu'elle a punis. La philanthropie est une sublime erreur, elle tourmente inutilement le corps, elle ne produit pas le baume qui guérit l'âme. Le philanthrope enfante des projets, émet des idées, en confie l'exécution à l'homme, au silence, au travail, à des consignes, à des choses muettes et sans puissance.

La religion ignore ces imperfections, car elle a étendu la vie au delà de ce monde. En nous considérant tous comme déchus et dans un état de dégradation, elle a ouvert un inépuisable trésor d'indulgence ; nous sommes tous plus ou moins avancés vers notre entière régénération, personne n'est infaillible, l'Église s'attend aux fautes et même aux crimes. Là où la société voit un criminel à retrancher de son sein, l'Église voit une âme à sauver. Bien plus ! inspirée de Dieu qu'elle étudie et contemple, l'Église admet l'inégalité des forces, elle étudie la disproportion des fardeaux. Si elle vous trouve inégaux de cœur, de corps, d'esprit, d'aptitude, de valeur, elle vous rend tous égaux par le repentir. Là seulement l'égalité n'est plus un vain mot, car nous pouvons être, nous sommes tous égaux par les sentiments. Depuis le fétichisme informe des sauvages jusqu'aux gracieuses inventions de la Grèce, jusqu'aux profondes et ingénieuses doctrines de l'Égypte et des Indes, traduites par des cultes riants ou terribles, il est une conviction dans l'homme, celle de sa chute, de son péché, d'où vient partout l'idée des sacrifices et du rachat. La mort du Rédempteur, qui a racheté le genre humain, est l'image de ce que nous devons faire pour nous-mêmes. Rachetons nos fautes ! rachetons nos erreurs ! rachetons nos crimes ! Tout est rachetable, le catholicisme est dans cette parole; de là ces adorables sacrements qui aident au triomphe de la grâce et soutiennent le pécheur.

⋙✦⋘

Aimer, pleurer, gémir comme la Madeleine dans le désert, n'est que le commencement, agir est la fin. Les monastères pleuraient et agissaient, ils priaient et civilisaient, ils ont été les moyens actifs de notre divine religion. Ils ont bâti, planté, cultivé l'Europe, tout en sauvant le trésor de nos connaissances et celui de la justice humaine, de la politique et des arts. On reconnaîtra toujours, en Europe, la place de ces centres radieux. La plupart des villes modernes sont filles d'un monastère.

⋙✦⋘

Dans une forêt il n'est pas un site qui n'ait sa signifiance; pas une clairière, pas un fourré qui ne présente des analogies avec le labyrinthe des pensées humaines. Quelle personne, parmi les gens dont l'esprit est cultivé ou dont le cœur a reçu des blessures, peut se promener dans une forêt sans que la forêt lui parle? Insensiblement il s'en élève une voix ou consolante ou terrible, mais plus sou-

vent consolante que terrible. Si l'on recherchait
bien les causes de la sensation, à la fois grave,
simple, douce, mystérieuse, qui vous y saisit, peut-
être la trouverait-on dans le spectacle ingénieux et
sublime de toutes ces créatures obéissant à leurs
destinées et immuablement soumises. Tôt ou tard
le sentiment écrasant de la permanence de la nature vous emplit le cœur, vous remue profondément
et vous amène à un ordre de faits plus élevés que
celui dans lequel avaient jusqu'alors erré les rêveries. Enfin, on recueille dans le silence de ces ci-
mes, dans la senteur de ces rameaux, dans les
suaves émanations de l'herbe fleurie et dans la sé-
rénité de l'air, une sorte de paix, de bonheur, et
la certitude d'une clémence auguste.

J'aime la vie heureuse et tranquille des champs
où la bienfaisance est perpétuelle, où les qualités
des âmes grandes et fortes peuvent s'exercer continuellement, où l'on découvre chaque jour dans
les productions naturelles des raisons d'admiration,
et dans les vrais progrès, dans les réelles améliora-
tions, une occupation digne de l'homme. Je n'i-
gnore point que les grandes idées engendrent de
grandes actions, mais comme ces sortes d'idées

sont fort rares, je trouve qu'à l'ordinaire les choses
valent mieux que les idées. Celui qui fertilise un
coin de terre, qui perfectionne un arbre à fruit,
qui applique une herbe à un terrain ingrat, est bien
au-dessus de ceux qui cherchent des formules pour
l'humanité.

◦❧❦❧◦

Je frémis quand je pense à l'effroyable conscrip-
tion de cerveaux livrés chaque année à l'État par
l'ambition des familles qui, plaçant de si cruelles
études au temps où l'adulte achève ses diverses
croissances, doit produire des malheurs inconnus,
en tuant à la lueur des lampes certaines facultés
précieuses qui, plus tard, se développeraient grandes et fortes. Les lois de la nature sont impitoya-
bles, elles ne cèdent rien aux entreprises ni aux
vouloirs de la société. Dans l'ordre moral comme
dans l'ordre naturel, tout abus se paye. Les fruits
demandés avant le temps en serre chaude à un
arbre viennent aux dépens de l'arbre même ou de
la qualité de ses produits. La Quintinie tuait des
orangers pour donner à Louis XIV un bouquet de
fleurs chaque matin, en toute saison. Il en est de
même pour les intelligences. La force demandée
à des cerveaux adultes est un escompte de leur
avenir.

L'État, qui en France semble, en bien des choses, vouloir se substituer au pouvoir paternel, est
sans entrailles ni paternité; il fait ses expériences
*in anima vili*. Jamais il n'a demandé l'horrible
statistique des souffrances qu'il a causées; il ne
s'est pas enquis du nombre de fièvres cérébrales
qui se déclarent, ni des désespoirs qui éclatent au
milieu de cette jeunesse, ni des destructions morales qui la déciment.

Voyons-nous, en regardant le passé, que la France
ait jamais manqué des grands talents nécessaires à
l'État, et qu'aujourd'hui l'État voudrait faire éclore
à son usage par le procédé de Monge? Vauban
est-il sorti d'une école autre que cette grande école
appelée la vocation? Quel fut le précepteur de Riquet? Quand les génies surgissent ainsi du milieu
social, poussés par la vocation, ils sont presque
toujours complets; l'homme alors n'est pas seulement spécial, il a le don d'universalité. Je ne crois
pas qu'un ingénieur sorti de l'école puisse jamais
bâtir un de ces miracles d'architecture que savait
élever Léonard de Vinci, à la fois mécanicien, architecte, peintre, un des inventeurs de l'hydrau-
lique, un infatigable constructeur de canaux. Fa-

çonnés dès le jeune âge à la simplicité absolue des théorèmes, les sujets sortis de l'école perdent le sens de l'élégance et de l'ornement; une colonne leur semble inutile; ils reviennent au point où l'art commence.

❦

L'abus est constamment plus fort en France que l'amélioration.

❦

Quel immense talent les écoles ont-elles produit depuis 1790? Sans Napoléon, Cachin, l'homme de génie à qui l'on doit Cherbourg, eût-il existé? Le despotisme impérial l'a distingué, le régime constitutionnel l'aurait étouffé. L'Académie des sciences compte-t-elle beaucoup d'hommes sortis des écoles spéciales? Peut-être y en a-t-il deux ou trois! L'homme de génie se révélera toujours en dehors des écoles spéciales. Dans les sciences dont s'occupent ces écoles, le génie n'obéit qu'à ses propres lois, il ne se développe que par des circonstances sur lesquelles l'homme ne peut rien : ni l'État, ni la science de l'homme, l'anthropologie, ne les connaissent. Riquet, Perronet, Léonard de Vinci, Cachin, Palladio, Brunelleschi, Michel-Ange, Bramante, Vauban, Vicat, tiennent leur génie de causes

inobservées et préparatoires auxquelles nous don-
nons le nom de hasard, le grand mot des sots.
Jamais, avec ou sans écoles, ces ouvriers sublimes
ne manquent à leur siècle.

Où donc est le progrès? L'État et l'homme perdent assurément au système actuel. Une expérience
d'un demi-siècle ne réclame-t-elle pas des change-
ments dans la mise en œuvre de l'institution? Quel
sacerdoce constitue l'obligation de trier en France,
parmi toute une génération, les hommes destinés
à être la partie savante de la nation? Quelles études
ne devraient pas avoir faites ces grands prêtres du
sort! Les connaissances mathématiques ne leur
sont peut-être pas aussi nécessaires que les connaissances physiologiques. Ne leur faudrait-il pas
un peu de cette seconde vue qui est la sorcellerie
des grands hommes? Les examinateurs sont d'anciens professeurs, des hommes honorables, vieillis
dans le travail, dont la mission se borne à chercher les meilleurs mémoires. Ils ne peuvent rien
faire que ce qu'on leur demande. Certes, leurs
fonctions devraient être les plus grandes de l'État,
et veulent des hommes extraordinaires.

Le *concours* est une invention moderne, essentiellement mauvaise, et mauvaise non-seulement
dans la science, mais encore partout où elle s'emploie, dans les arts, dans toute élection d'hommes,
de projets ou de choses. S'il est malheureux pour
nos célèbres écoles de n'avoir pas plus produit de
gens supérieurs que toute autre réunion de jeunes
gens en eût donné, il est encore plus honteux que
les premiers grands prix de l'Institut n'aient fourni
ni un grand peintre, ni un grand musicien, ni un
grand architecte, ni un grand sculpteur; de même
que, depuis plus de vingt ans, l'élection n'a pas,
dans sa marée de médiocrités, amené au pouvoir
un seul grand homme d'État.

Il y a une erreur qui vicie, en France, et l'éducation et la politique. Cette cruelle erreur repose
sur le principe suivant que les organisateurs ont
méconnu. *Rien, ni dans l'expérience, ni dans la
nature des choses, ne peut donner la certitude que
les qualités intellectuelles de l'adulte seront celles de
l'homme fait.*

Tout notre système d'instruction publique exige
un vaste remaniement auquel devra présider un

homme d'un profond savoir, d'une volonté puissante et doué de ce génie législatif qui ne s'est peut-être rencontré chez les modernes que dans la tête de Jean-Jacques Rousseau. Peut-être le trop plein des spécialités devrait-il être employé dans l'enseignement élémentaire, si nécessaire aux peuples. Nous n'avons pas assez de patients, de dévoués instituteurs pour manier ces masses. La quantité déplorable de délits et de crimes accuse une plaie sociale dont la source est dans cette demi-instruction donnée au peuple, et qui tend à détruire les liens sociaux en le faisant réfléchir assez pour qu'il déserte les croyances religieuses favorables au pouvoir et pas assez pour qu'il s'élève à la théorie de l'obéissance et du devoir, qui est le dernier terme de la philosophie transcendante. Il est impossible de faire étudier Kant à toute une nation; aussi la croyance et l'habitude valent-elles mieux pour les peuples que l'étude et le raisonnement.

Les saint-simoniens, en dépit de leurs erreurs, ont touché plusieurs points douloureux auxquels on ne remédiera que par des palliatifs insuffisants, et qui ne feront qu'ajourner en France une grande crise morale et politique.

La France, pays trop éloquent pour n'être pas bavard, trop plein de vanité pour qu'on y reconnaisse les vrais talents, est, malgré le sublime bon sens de sa langue et de ses masses, le dernier de tous où le système de deux assemblées délibérantes pouvait être admis. Au moins, les inconvénients de notre caractère devaient-ils être combattus par les admirables restrictions que l'expérience de Napoléon y avait opposées. Ce système peut encore aller dans un pays dont l'action est circonscrite par la nature du sol, comme en Angleterre; mais le droit d'aînesse, appliqué à la transmission de la terre, est toujours nécessaire, et quand ce droit est supprimé, le système représentatif devient une folie. L'Angleterre doit son existence à la loi quasi-féodale qui attribue les terres et l'habitation de la famille aux aînés. La Russie est assise sur le droit féodal de l'autocratie. Aussi ces deux nations sont-elles aujourd'hui dans une voie de progrès effrayant. L'Autriche n'a pu résister à nos invasions et recommencer la guerre contre Napoléon qu'en vertu de ce droit d'aînesse qui conserve agissantes les forces de la famille et maintient les grandes productions nécessaires à l'État. La maison de Bourbon, en se sentant couler au troisième rang en Europe par la faute du libéralisme, a voulu se maintenir à sa place, et le pays l'a renversée au

moment où elle sauvait le pays. Je ne sais où nous
fera descendre le système actuel.

❦

Le titre des successions du Code civil, qui ordonne le partage égal des biens, est le pilon dont
le jeu perpétuel émiette le territoire, individualise
les fortunes en leur ôtant une stabilité nécessaire,
et qui, décomposant sans recomposer jamais, finira
par tuer la France. La révolution française a émis
un virus destructif auquel les journées de juillet
sont venues communiquer une activité nouvelle.
Ce principe morbifique est l'accession du paysan
à la propriété. Si le titre des successions est le
principe du mal, le paysan en est le moyen. Le
paysan ne rend rien de ce qu'il a conquis. Une
fois que cet ordre a pris un morceau de terre dans
sa gueule toujours béante, il le subdivise tant qu'il
y a trois sillons; encore alors ne s'arrête-t-il pas!
il partage les trois sillons dans leur longueur. La
valeur insensée que le paysan attache aux moindres
parcelles de terrain rend impossible la recompo-
sition de la propriété. La procédure et le droit sont
annulés par cette division, la propriété devient un
non-sens. On a des propriétaires de quinze, de
vingt-cinq centimes de revenu! Et l'on arrive ainsi

à voir expirer la puissance du fisc et de la loi sur des parcelles qui rendent impossibles ses dispositions les plus sages.

※

Aujourd'hui, comme autrefois, les médiocrités jalouses laissent mourir de misère les penseurs, les grands médecins politiques qui ont étudié les plaies de la France, et qui s'opposent à l'esprit de leur siècle. S'ils résistent à la misère, on les ridiculise, ou bien on les traite de rêveurs. En France, on se révolte dans l'ordre moral contre le grand homme d'avenir, comme on se révolte dans l'ordre politique contre le souverain et l'autorité.

※

Autrefois les sophistes parlaient à un petit nombre d'hommes, aujourd'hui la presse périodique leur permet d'égarer toute une nation, et la presse qui plaide pour le bon sens n'a pas d'écho!

※

Certes, Cromwell fut un grand législateur. Lui seul a fait l'Angleterre actuelle, en inventant l'*acte de navigation* qui a rendu les Anglais ennemis de

toutes les autres nations, qui leur a inoculé un
féroce orgueil, leur point d'appui. Mais, malgré
leur citadelle de Malte, si la France et la Russie
comprennent le rôle de la mer Noire et de la Mé-
diterranée, un jour, la route d'Asie par l'Égypte
ou par l'Euphrate, régularisée au moyen des nouvelles découvertes, tuera l'Angleterre, comme jadis
la découverte du cap de Bonne-Espérance a tué
Venise.

Les peuples, unis par une foi quelconque,
auront toujours bon marché des peuples sans
croyance; la loi de l'intérêt général, qui engendre
le patriotisme, est immédiatement détruite par la
loi de l'intérêt particulier, qu'elle autorise, et qui
engendre l'égoïsme. Il n'y a de solide et de durable que ce qui est naturel, et la chose naturelle
en politique est la famille. La famille doit être le
point de départ de toutes les institutions.

Un effet universel démontre une cause universelle; et le mal qu'on signale de toutes parts vient
du principe social même, qui est sans force, parce
qu'il a pris le libre arbitre pour base, et que le

libre arbitre est le père de l'individualisme. Faire
dépendre le bonheur de la sécurité, de l'intelligence, de la capacité de tous, n'est pas aussi sage
que de faire dépendre le bonheur de la sécurité,
de l'intelligence des institutions et de la capacité
d'un seul. On trouve plus facilement la sagesse
chez un homme que chez toute une nation. Les
peuples ont un cœur et n'ont pas d'yeux, ils sentent et ne voient pas. Les gouvernements doivent
voir et ne jamais se déterminer par les sentiments.
Il y a donc une évidente contradiction entre les
premiers mouvements des masses et l'action du
pouvoir qui doit en déterminer la force et l'unité.
Rencontrer un grand prince est un effet du hasard,
dit-on, je le veux bien, mais se fier à une assemblée quelconque, fût-elle composée d'honnêtes
gens, est une folie.

Les gens de la campagne, de même que les
sauvages, passent spontanément, avec une rapidité
naturelle, du sentiment à l'action. En ceci peut-
être consiste toute la différence qui sépare l'homme
de la nature de l'homme civilisé. Le sauvage n'a
que des sentiments, l'homme civilisé a des sentiments et des idées. Aussi, chez les sauvages, le

cerveau reçoit-il, pour ainsi dire, peu d'empreintes ; il appartient tout entier au sentiment qui l'envahit ; tandis que chez l'homme civilisé, les idées descendent sur le cœur qu'elles transforment ; celui-ci est à mille intérêts, à plusieurs sentiments, tandis que le sauvage n'admet qu'une idée à la fois. C'est la cause de la supériorité momentanée de l'enfant sur les parents, et qui cesse avec le désir satisfait ; tandis que chez l'homme voisin de la nature, cette cause est continue.

Le moraliste ne saurait nier que généralement les gens bien élevés et très-vicieux ne soient beaucoup plus aimables que les gens vertueux ; ayant des crimes à racheter, ils sollicitent par provision l'indulgence en se montrant faciles avec les défauts de leurs juges, et ils passent pour être excellents. Quoiqu'il y ait des gens charmants parmi les gens vertueux, la vertu se croit assez belle par elle-même pour se dispenser de faire des frais ; puis, les gens réellement vertueux, car il faut retrancher les hypocrites, ont presque tous de légers soupçons sur leur situation ; ils se croient dupés au grand marché de la vie, et ils ont des paroles aigrelettes à la façon des gens qui se prétendent méconnus.

Les sentiments nobles poussés à l'absolu produisent des résultats semblables à ceux des plus grands vices. Bonaparte est devenu l'*empereur* pour avoir mitraillé le peuple à deux pas de l'endroit où Louis XVI a perdu la monarchie et la tête pour n'avoir pas laissé verser le sang d'un M. Sauce.

La croyance aux sciences occultes est bien plus répandue que ne l'imaginent les savants, les avocats, les notaires, les médecins, les magistrats et les philosophes. Le peuple a des instincts indélébiles. Parmi ces instincts, celui qu'on nomme si sottement superstition est aussi bien dans le sang du peuple que dans l'esprit des gens supérieurs. Plus d'un homme d'État consulte, à Paris, les tireuses de cartes. Pour les incrédules, l'astrologie judiciaire (alliance de mots excessivement bizarre) n'est que l'exploitation d'un sentiment inné, l'un des plus forts de notre nature, la curiosité. Les incrédules nient donc complétement les rapports que la divination établit entre la destinée humaine et la configuration qu'on en obtient par les sept ou huit moyens principaux qui composent l'astrologie judiciaire. Mais il en est des sciences occultes comme de tant d'effets naturels repoussés par les

esprits forts ou par les philosophes matérialistes,
c'est-à-dire par ceux qui s'en tiennent uniquement
aux faits visibles, solides, aux résultats de la cornue ou
des balances de la physique et de la chimie modernes ;
ces sciences subsistent, elles se continuent, sans
progrès d'ailleurs, car depuis environ deux siècles
la culture en est abandonnée par les esprits d'élite.
En ne regardant que le côté possible de la divination, croire que les événements antérieurs de la
vie d'un homme, que les secrets connus de lui
seul peuvent être immédiatement représentés par
des cartes qu'il mêle, qu'il coupe et que le diseur
d'horoscope divise en paquets d'après des lois
mystérieuses, c'est l'absurde ; mais c'est l'absurde
qui condamnait la vapeur, qui condamne encore
la navigation aérienne, qui condamnait les inventions de la poudre et de l'imprimerie, celle des
lunettes, de la gravure et la dernière grande découverte, la daguerréotypie. Si quelqu'un fût venu
dire à Napoléon qu'un édifice et qu'un homme sont
incessamment et à toute heure représentés par une
image dans l'atmosphère, que tous les objets exis-
tants y ont un spectre saisissable, perceptible, il
aurait logé cet homme à Charenton, comme Richelieu logea Salomon de Caux à Bicêtre, lorsque le
martyr normand lui apporta l'immense conquête
de la navigation à vapeur. Et c'est là cependant ce

que Daguerre a prouvé par sa découverte. Eh bien !
si Dieu a imprimé, pour certains yeux clairvoyants,
la destinée de chaque homme dans sa physionomie,
en prenant ce mot comme l'expression totale du
corps, pourquoi la main ne résumerait-elle pas la
physionomie, puisque la main est l'action humaine
tout entière et son seul moyen de manifestation ?
De là, la chiromancie. La société n'imite-t-elle
pas Dieu ? Prédire à un homme les événements de
sa vie à l'aspect de sa main n'est pas un fait plus
extraordinaire chez celui qui a reçu les facultés du
voyant que le fait de dire à un soldat qu'il se bat-
tra, à un avocat qu'il parlera, à un cordonnier qu'il
fera des souliers ou des bottes, à un cultivateur
qu'il fumera la terre et l'ensemencera. Choisissons
un exemple frappant. Le génie est tellement visible
en l'homme, qu'en se promenant à Paris les gens
les plus ignorants devinent un grand artiste quand
il passe. C'est comme un soleil moral dont les
rayons colorent tout son passage. Un imbécile ne
se reconnaît-il pas immédiatement par des impressions contraires à celles que produit l'homme de
génie ? Un homme ordinaire passe presque inaperçu.
La plupart des observateurs de la nature sociale et
parisienne peuvent dire la profession d'un passant
en le voyant venir. Aujourd'hui, les mystères du
sabbat, si souvent peints par les peintres du sei-

zième siècle, ne sont plus des mystères. Les Égyptiens ou Bohémiens, cette nation étrange, venue des Indes, faisaient tout uniment prendre du haschisch à leurs clients. Les phénomènes produits par cette conserve expliquent parfaitement le chevauchage sur les balais, la fuite par les cheminées, les *visions réelles,* pour ainsi dire, des vieilles changées en jeunes femmes, les danses furibondes et les délicieuses musiques qui composaient les fantaisies des prétendus adorateurs du diable. Aujourd'hui tant de faits avérés, authentiques, sont issus des sciences occultes, qu'un jour ces sciences seront professées comme on professe la chimie et l'astronomie. Il est même singulier qu'on ait créé à Paris des chaires de slave, de mandchou, des chaires de littératures aussi peu *professables* que les littératures du Nord, qui, au lieu de fournir des leçons, devraient en recevoir, et dont les titulaires répètent d'éternels articles sur Shakspeare ou sur le seizième siècle, et qu'on n'ait pas restitué, sous le nom d'anthropologie, l'enseignement de la philosophie occulte, l'une des gloires de l'ancienne Université. En ceci, l'Allemagne, ce pays à la fois si grand et si enfant, a devancé la France, car on y professe cette science, bien plus utile que les différentes philosophies, qui sont toutes la même chose. Que certains êtres aperçoivent les faits à venir dans le

germe des causes, comme le grand inventeur aperçoit une industrie, une science, dans un effet naturel inaperçu du vulgaire, ce n'est plus une de
ces violentes exceptions qui font rumeur, c'est
l'effet d'une faculté reconnue et qui serait en quelque sorte le somnambulisme de l'esprit. Si donc
cette proposition, sur laquelle reposent les différentes manières de déchiffrer l'avenir, semble absurde, le fait est là. Remarquez que prédire les
gros événements de l'avenir n'est pas, pour le
voyant, un tour de force plus extraordinaire que
celui de deviner le passé. Le passé, l'avenir sont
également impossibles à savoir dans le système des
incrédules. Si les événements accomplis ont laissé
des traces, il est vraisemblable d'imaginer que les
événements à venir ont leurs racines. Dès qu'un
*discur de bonne aventure* vous explique minutieuse-
ment les faits connus de vous seul, dans votre vie
antérieure, il peut vous dire les événements que
produiront les causes existantes. Le monde moral
est taillé, pour ainsi dire, sur le patron du monde
naturel; les mêmes effets s'y doivent retrouver
avec les différences propres à leurs divers milieux.
Ainsi, de même que les corps se projettent réellement dans l'atmosphère en y laissant subsister ce
spectre saisi par le daguerréotype qui l'arrête au
passage; de même les idées, créations réelles et

agissantes, s'impriment dans ce qu'il faut nommer l'atmosphère du monde spirituel, y produisent des effets, y vivent *spectralement* (car il est nécessaire de forger des mots pour exprimer des phénomènes innommés), et dès lors certaines créatures douées de facultés rares peuvent parfaitement apercevoir ces formes ou ces traces d'idées. Quant aux moyens employés pour arriver aux *visions*, c'est là le merveilleux le plus explicable, dès que la main du consultant dispose les objets à l'aide desquels on lui fait représenter les hasards de sa vie. En effet, tout s'enchaîne dans le monde réel. Tout mouvement y correspond à une cause, toute cause se rattache à l'ensemble ; et, conséquemment, l'ensemble se représente dans le moindre mouvement. Rabelais, le plus grand esprit de l'humanité moderne, cet homme qui résuma Pythagore, Hippocrate, Aristophane et Dante, a dit, il y a maintenant trois siècles : « L'homme est un microcosme. » Trois siècles après, Swedenborg, le grand prophète suédois, disait que la terre était un homme. Le prophète et le précurseur de l'incrédulité se rencontraient ainsi dans la plus grande des formules. Tout est fatal dans la vie humaine, comme dans la vie de notre planète. Les moindres accidents, les plus futiles, y sont subordonnés. Dans les grandes choses, les grands desseins, les grandes pensées s'y reflètent nécessairement dans les plus petites actions, et avec tant de fidélité, que si quelque conspirateur mêle et coupe un jeu de cartes, il y écrira le secret de sa conspiration pour le voyant appelé bohème, diseur de bonne aventure, charlatan, etc. Dès qu'on admet la fatalité, c'est-à-dire l'enchaînement des causes, l'astrologie judiciaire existe et devient ce qu'elle était jadis, une science immense, car elle comprend la faculté de déduction, qui fit Cuvier si grand, mais spontanée, au lieu d'être, comme chez ce beau génie, exercée dans les nuits studieuses de son cabinet.

L'astrologie judiciaire, la divination, a régné pendant sept siècles, non pas comme aujourd'hui sur les gens du peuple, mais sur les plus grandes intelligences, sur les souverains, sur les reines, sur les riches. Une des plus grandes sciences de l'antiquité, le magnétisme animal, est sortie des sciences occultes, comme la chimie est sortie des fourneaux des alchimistes. La crâniologie, la physiognomonie, la névrologie, en sont également issues; et les illustres créatures de ces sciences, en apparence nouvelles, n'ont eu qu'un tort, celui de tous les inventeurs, et qui consiste à systématiser absolument des faits isolés, dont la cause génératrice échappe encore à l'analyse.

Le peuple et les femmes surtout sont attirés par la mystérieuse puissance de ceux qui peuvent soulever le voile de l'avenir; ils vont leur acheter de l'espérance, du courage, de la force, c'est-à-dire ce que la religion seule peut donner. Aussi cette science n'est-elle pas pratiquée sans quelques risques. Aujourd'hui, les sorciers, garantis de tout supplice par la tolérance due aux encyclopédistes du dix-huitième siècle, ne sont plus justiciables que de la police correctionnelle, et dans le cas seulement où ils se livrent à des manœuvres frauduleuses, quand ils effrayent leurs pratiques dans le dessein d'extorquer de l'argent, car malheureusement l'escroquerie et souvent le crime accompagnent l'exercice de cette faculté sublime. Voici pourquoi : les dons admirables qui font le voyant se rencontrent ordinairement chez les gens à qui l'on décerne l'épithète de brutes. Ces brutes sont les vases d'élection où Dieu met les élixirs qui surprennent l'humanité. Ces brutes donnent les prophètes, les saints, les voyants, les Pierre l'Hermite, les Jeanne d'Arc. Toutes les fois que la pensée demeure dans sa totalité, reste bloc, ne se débite pas en conversation, en intrigues, en œuvres de littérature, en travaux scientifiques, en efforts administratifs, en conceptions d'inventeur, en plans stratégiques, elle est apte à jeter des feux d'une intensité prodigieuse, contenus comme le diamant brut garde en soi l'éclat de ses facettes. Vienne une circonstance! cette intelligence s'allume, elle a des ailes pour franchir les distances, des yeux divins pour tout voir; hier c'était un charbon; le lendemain, sous le jet du fluide inconnu qui la traverse, c'est un diamant qui rayonne. Les gens supérieurs, usés sur toutes les faces de leur intelligence, ne peuvent jamais, à moins de ces miracles que Dieu se permet quelquefois, offrir cette puissance suprême. Aussi les devins et les devineresses sont-ils presque toujours des mendiants ou des mendiantes à esprits vierges, des êtres en apparence grossiers, des cailloux roulés dans les torrents de la misère, dans les ornières de la vie, où ils n'ont dépensé que des souffrances physiques. Le prophète, le voyant, c'est enfin Martin le laboureur qui a fait trembler Louis XVIII en disant un secret que le roi pouvait seul savoir; c'est une mademoiselle Lenormand, un pâtre vivant avec des bêtes à cornes, une négresse presque idiote, un faquir assis au bord d'une pagode, et qui, tuant la chair, fait arriver l'esprit à toute la

puissance inconnue des facultés somnambulesques.
C'est en Asie que de tout temps se sont rencontrés
les héros des sciences occultes. Souvent alors ces
gens qui, dans l'état ordinaire, restent ce qu'ils
sont, car ils remplissent en quelque sorte les fonctions physiques et chimiques des corps conduc-
teurs de l'électricité, tour à tour métaux inertes ou
canaux pleins de fluides mystérieux; ces gens, re-
devenus eux-mêmes, s'adonnent à des pratiques,
à des calculs, qui les mènent en police correctionnelle, voire même en cour d'assises et au bagne.

Le jeune avocat sans causes, le jeune médecin
sans clients, sont les deux plus grandes expressions
du désespoir décent, particulier à la ville de Paris,
ce désespoir muet et froid, vêtu d'un habit et d'un
pantalon noirs à coutures blanchies qui rappellent
le zinc de la mansarde, d'un gilet de satin luisant,
d'un chapeau ménagé saintement, de vieux gants
et de chemises en calicot. C'est un poëme de tristesse, sombre comme les secrets de la Conciergerie.
Les autres misères, celles du poëte, de l'artiste, du
comédien, du musicien, sont égayées par les jovia-
lités naturelles aux arts, par l'insouciance de la
bohême où l'on entre d'abord et qui mène aux

Thébaïdes du génie? Mais ces deux habits noirs qui vont à pied, portés par deux professions pour lesquelles tout est plaie, à qui l'humanité ne montre que ses côtés honteux, ces deux hommes ont, dans les aplatissements du début, des expressions sinistres, provocantes, où la haine et l'ambition concentrées jaillissent par des regards semblables aux premiers efforts d'un incendie couvé. Quand deux amis de collége se rencontrent à vingt ans de distance, le riche évite alors son camarade pauvre, il ne le reconnaît pas, il s'épouvante des abîmes que la destinée a mis entre eux. L'un a parcouru la vie sur les chevaux fringants de la fortune ou sur les nuages dorés du succès; l'autre a cheminé souterrainement dans les égouts parisiens, et il en porte les stigmates.

Par certains moments le Parisien est réfractaire au succès. Lassé d'élever des piédestaux, il boude comme les enfants gâtés, et ne veut plus d'idoles; ou pour être vrai, les gens de talent manquent parfois à ses engagements. La gangue d'où s'extrait le génie a ses lacunes; le Parisien se regimbe alors, il ne veut pas toujours dorer ou adorer les médiocrités.

L'avilissement des mots est une de ces bizarreries de mœurs qui, pour être expliquée, voudrait
des volumes. Écrivez à un avoué en le qualifiant
d'*homme de loi*, vous l'aurez offensé tout autant
que vous offenseriez un négociant en gros de denrées coloniales à qui vous adresseriez ainsi votre
lettre : Monsieur un tel, épicier. Un assez grand
nombre de gens du monde qui devraient connaître,
puisque c'est là toute leur science, ces délicatesses
du savoir-vivre, ignorent encore que la qualifica-
tion d'*homme de lettres* est la plus cruelle injure
qu'on puisse faire à un auteur. Le mot *monsieur*
est le plus grand exemple de la vie et de la mort des
mots ; monsieur veut dire monseigneur. Ce titre,
si considérable autrefois, réservé maintenant aux
rois par la transformation de sieur en sire, se
donne à tout le monde ; et néanmoins, *messire*, qui
n'est pas autre chose que le double du mot monsieur et son équivalent, soulève des articles dans
les feuilles républicaines, quand, par hasard, il se
trouve mis dans un billet d'enterrement. Magistrats,
conseillers, jurisconsultes, juges, avocats, officiers
ministériels, avoués, huissiers, conseils, hommes
d'affaires, agents d'affaires et défenseurs, sont les
variétés sous lesquelles se classent les gens qui
rendent la justice ou qui la travaillent. Les deux
derniers bâtons de cette échelle sont le *praticien*

et l'*homme de loi*. Le praticien, vulgairement appelé recors, est l'homme de justice par hasard ; il
est là pour assister l'exécution des jugements, c'est,
pour les affaires civiles, un bourreau d'occasion.
Quant à l'homme de loi, c'est l'injure particulière
à la profession. Il est à la justice ce que l'homme
de lettres est à la littérature. Dans toutes les professions, en France, la rivalité qui les dévore a
trouvé des termes de dénigrement. Chaque état a
son insulte. Au reste, le mépris qui frappe les mots
*homme de lettres* et *homme de loi* s'arrête au pluriel.
On dit très-bien sans blesser personne les *gens de
lettres*, les *gens de loi*. Mais à Paris chaque profession a ses oméga, des individus qui mettent le
métier de plain-pied avec la pratique des rues,
avec le peuple. Aussi l'*homme de loi*, le petit agent
d'affaires, existe-t-il encore dans certains quartiers,
comme on trouve encore à la halle le prêteur à la
petite semaine, qui est à la haute banque ce que l'in-
fime agent d'affaires est à la compagnie des avoués.
Chose étrange ! les gens du peuple   peur des
officiers ministériels comme ils ont peur des res-
taurants fashionables. Ils s'adressent à des gens
d'affaires, comme ils vont boire au cabaret. Le
plain-pied est la loi générale des différentes sphères sociales. Il n'y a que les natures d'élite qui aiment à gravir les hauteurs, qui ne souffrent pas en

se voyant en présence de leurs supérieurs, qui se font leur place comme Beaumarchais laissant tomber la montre d'un grand seigneur essayant de l'humilier; mais aussi ceux des parvenus qui savent faire ainsi disparaître leurs langes, sont-ils des exceptions grandioses.

❦

La musique moderne, qui veut une paix profonde, est la langue des âmes tendres, amoureuses, enclines à une noble exaltation intérieure. Cette langue, mille fois plus riche que celle des mots, est au langage ce que la pensée est à la parole; elle réveille les sensations et les idées sous leur forme même, là où chez nous naissent les idées et les sensations, mais en les laissant ce qu'elles sont chez chacun. Cette puissance sur notre intérieur est une des grandeurs de la musique. Les autres arts imposent à l'esprit des créations définies; la musique est infinie dans les siennes. Nous sommes obligés d'accepter les idées du poëte, le tableau du peintre, la statue du sculpteur; mais chacun de nous interprète la musique au gré de sa douleur ou de sa joie, de ses espérances ou de son désespoir. Là où les autres arts cerclent nos pensées en les fixant sur une chose déterminée, la musique les déchaîne sur la nature entière, qu'elle a le pouvoir de nous exprimer.

⋙⋘

Dans la langue musicale, peindre, c'est réveiller par des sons certains souvenirs dans notre cœur, ou certaines images dans notre intelligence, et ces souvenirs, ces images, ont leur couleur; ils sont tristes ou gais. Chaque instrument a sa mission, et s'adresse à certaines idées, comme chaque couleur répond en nous à certains sentiments. En contemplant des arabesques d'or sur un fond bleu, avez-vous les mêmes pensées qu'excitent en vous des arabesques rouges sur un fond noir ou vert? Dans l'une comme dans l'autre peinture, il n'y a point de figures, point de sentiments exprimés, c'est l'art pur, et néanmoins nulle âme ne restera froide en les regardant. Le hautbois n'a-t-il pas sur tous les esprits le pouvoir d'éveiller des images champêtres, ainsi que presque tous les instruments à vent? Les cuivres n'ont-ils pas je ne sais quoi de guerrier, ne développent-ils pas en nous des sensations animées et quelque peu furieuses? Les cordes, dont la substance est prise aux créations organisées, ne s'attaquent-elles pas aux fibres les plus délicates de notre organisation, ne vont-elles pas au fond de notre cœur? Quand on parle des sombres couleurs,

du froid des notes employées dans certaines com-
positions musicales, on est dans le vrai autant qu'un
critique littéraire peut l'être en nous parlant de la
couleur de tel ou tel écrivain. Ne reconnaît-on pas
le style nerveux, le style pâle, le style animé, le style
coloré? L'art peint avec des mots, avec des sons,
avec des couleurs, avec des lignes, avec des formes ;
si ces moyens sont divers, les effets sont les mêmes.

Il y a deux musiques : une petite, mesquine, de
second ordre, partout semblable à elle-même, qui
repose sur une centaine de phrases que chaque
musicien s'approprie, et qui constitue un bavardage
plus ou moins agréable avec lequel vivent la plupart des compositeurs ; on écoute leurs chants,
leurs prétendues mélodies, on a plus ou moins de
plaisir, mais il n'en reste absolument rien dans la
mémoire ; cent ans se passent, ils sont oubliés. Les
peuples, depuis l'antiquité jusqu'à nos jours, ont
gardé, comme un précieux trésor, certains chants
qui résument leurs mœurs et leurs habitudes, je
dirai presque leur histoire. Écoutez un de ces chants
nationaux ( et le chant grégorien a recueilli l'héritage des peuples antérieurs en ce genre ), vous
tombez en des rêveries profondes ; il se déroule

dans votre âme des choses inouïes, immenses, malgré la simplicité de ces rudiments, de ces ruines musicales. Eh bien ! il y a par siècle un ou deux hommes de génie, pas davantage, les Homères de la musique, à qui Dieu donne le pouvoir de devancer les temps, et qui formulent ces mélodies pleines de faits accomplis, grosses de poëmes immenses, car il faut s'arrêter à cette pensée féconde ou y revenir ; c'est la mélodie et non l'harmonie qui traverse triomphalement les âges.

Un artiste qui a le malheur d'être plein de la passion qu'il veut exprimer ne saurait la peindre, car il est la chose même au lieu d'en être l'image. L'art procède du cerveau et non du cœur. Quand votre sujet vous domine, vous en êtes l'esclave et non le maître ; vous êtes comme un roi assiégé par son peuple. Sentir trop vivement au moment où il s'agit d'exécuter, c'est l'insurrection des sens contre la faculté !

Les magistrats sont bien malheureux d'être obligés de tout soupçonner, de tout concevoir. A force de supposer des intentions mauvaises et de

les comprendre toutes pour arriver à des vérités
cachées sous les actions les plus contradictoires,
il est impossible que l'exercice de leur épouvantable
sacerdoce ne dessèche pas à la longue la source
des émotions généreuses qu'ils sont contraints de
mettre en doute. Si les sens du chirurgien qui va
fouillant les mystères du corps finissent par se
blaser, que devient la conscience du juge obligé
de fouiller incessamment les replis de l'âme?
Premiers martyrs de leur mission, les magistrats
marchent toujours en deuil de leurs illusions per-
dues, et le crime ne pèse pas moins sur eux que
sur les criminels. Un vieillard siégeant dans un
tribunal est sublime; mais un jeune juge ne fait-il
pas frémir?

Il est des hommes auxquels Dieu donne le malheureux pouvoir de sortir tous les jours triomphants
d'un horrible combat qu'ils livrent à quelque monstre inconnu. Que pendant un moment Dieu leur
retire sa main puissante, ils succombent.

De la dernière maison du faubourg Saint-Germain au dernier hôtel de la rue Saint-Lazare, entre

la butte du Luxembourg et celle de Montmartre, tout ce qui, à Paris, s'habille et babille, s'habille pour sortir et sort pour babiller, tout ce monde de petits et de grands airs, ce monde vêtu d'impertinence et doublé d'humbles désirs, d'envie et de courtisanerie, tout ce qui est doré et dédoré, jeune et vieux, noble d'hier ou noble du quatrième siècle, tout ce qui se moque d'un parvenu, tout ce qui a peur de se compromettre, tout ce qui veut démolir un pouvoir, sauf à l'adorer s'il résiste; toutes ces oreilles entendent, toutes ces langues disent et toutes ces intelligences savent, en une seule soirée, où est né, où a grandi, ce qu'a fait ou n'a pas fait le nouveau venu qui prétend à des honneurs dans ce monde. S'il n'existe pas de cour d'assises pour la haute société, elle rencontre le plus cruel de tous les procureurs généraux, un être moral, insaisissable, à la fois juge et bourreau : il accuse et il marque. N'espérez lui rien cacher, dites-lui tout vous-même, il veut tout savoir et sait tout. Ne demandez pas où est le télégraphe inconnu qui lui transmet à la même heure, en un clin d'œil, en tous lieux, une histoire, un scandale, une nouvelle; ne demandez pas qui le remue. Ce télégraphe est un mystère social; un observateur ne peut qu'en constater les effets. Il y en a d'incroyables exemples, un seul suffit. L'assassinat de duc de Berry, frappé à l'Opéra, fut conté, dans la dixième minute qui suivit le crime, au fond de l'île Saint-Louis.

La finesse qui réussit toujours est peut-être la plus grande de toutes les forces.

Les jeunes gens ont presque tous un compas avec lequel ils se plaisent à mesurer l'avenir ; quand leur volonté s'accorde avec la hardiesse de l'angle qu'ils ouvrent, le monde est à eux. Mais ce phénomène de la vie morale n'a lieu qu'à un certain âge. Cet âge, qui, pour tous les hommes, se trouve entre vingt-deux et vingt-huit ans, est celui des grandes pensées, l'âge des conceptions premières, parce qu'il est l'âge des immenses désirs, l'âge où l'on ne doute rien : qui dit doute, dit impuissance. Après cet âge, rapide comme une semaison, vient celui de l'exécution. Il est en quelque sorte deux jeunesses : la jeunesse durant laquelle on croit, la jeunesse pendant laquelle on agit ; souvent elles se confondent chez les hommes que la nature a favorisés, et qui sont, comme César, Newton et Bonaparte, les plus grands parmi les grands hommes.

On crie assez généralement au paradoxe, lorsque des savants, frappés d'une erreur historique, essayent de la redresser; mais pour quiconque étudie à fond l'histoire moderne, il est certain que les historiens sont des menteurs privilégiés qui prêtent leurs plumes aux croyances populaires, absolument comme la plupart des journaux d'aujourd'hui n'expriment que les opinions de leurs lecteurs. L'indépendance historique a beaucoup moins brillé chez les laïques que chez les religieux. C'est des Bénédictins, une des gloires de la France, que nous viennent les plus pures lumières en fait d'histoire, pourvu toutefois que l'intérêt des religieux ne fût pas au jeu. Aussi, dès le milieu du dix-huitième siècle, s'est-il élevé de grands et de savants controversistes qui, frappés de la nécessité de redresser les erreurs populaires accréditées par les historiens, ont publié de remarquables travaux. Ainsi, M. de Launoy, surnommé le *dénicheur de saints*, fit une guerre cruelle aux saints entrés par contrebande dans l'Église. Ainsi, les émules des Bénédictins, les membres trop peu connus de l'Académie des inscriptions et belles-lettres, commencèrent, sur des points historiques obscurs, leurs mémoires si admirables de patience, d'érudition et de logique. Ainsi, Voltaire, dans un intérêt malheureux, avec une passion triste, porta souvent la lumière de son esprit sur des préjugés historiques. Diderot entreprit, dans cette visée, un livre trop long sur une époque de l'histoire impériale de Rome. Sans la révolution française, la *critique*, appliquée à l'histoire, allait peut-être préparer les éléments d'une *bonne* et *vraie* histoire de France dont les preuves étaient depuis si longtemps amassées par nos grands Bénédictins. Louis XVI, esprit juste, a traduit lui-même l'ouvrage anglais par lequel Walpole a essayé d'expliquer Richard III, et dont s'occupa tant le siècle dernier.

***

La violence, ce moyen qui touche à l'un des points les plus controversés de la politique, et qui, de notre temps, a été résolu sur la place où l'on a placé un gros caillou d'Égypte pour faire oublier le régicide et offrir l'emblème du système de la politique matérialiste qui nous gouverne (1840); il a été résolu aux Carmes et à l'Abbaye; il a été résolu sur les marches de Saint-Roch; il a été résolu devant le Louvre en 1830, encore une fois par le peuple contre le roi, comme depuis il a été résolu par la meilleure des républiques de La Fayette contre l'insurrection républicaine à Saint-Merry et rue Transnonnain. Tout pouvoir, légitime ou illégitime, doit se défendre quand il est attaqué; mais, chose étrange! là où le peuple est héroïque dans sa victoire sur le pouvoir, le pouvoir passe pour assassin dans son duel avec le peuple. Enfin, s'il succombe après son appel à la force, le pouvoir passe encore pour imbécile.

＊＊＊

On admire les maximes antisociales que publient d'audacieux écrivains, pourquoi donc la défaveur qui s'attache en France aux vérités sociales quand elles sont hardiment proclamées? Cette question explique à elle seule toutes les erreurs historiques. Appliquez-en la solution aux doctrines dévastatrices qui flattent les passions populaires et aux doctrines conservatrices qui répriment les sauvages ou folles entreprises du peuple, vous trouverez la raison de l'impopularité comme de la popularité de certains personnages.

＊＊＊

L'opposition, en France, a toujours été protestante, parce qu'elle n'a jamais eu que la *négation* pour politique; elle a hérité des théories des luthériens et des calvinistes sur les mots terribles de liberté, de tolérance, de progrès et de philosophie. Deux siècles ont été employés par les opposants au pouvoir à établir la douteuse doctrine du *libre arbitre*. Deux autres siècles ont été employés à développer le premier corollaire du libre arbitre, la *liberté de conscience*. Notre siècle essaye d'établir le second, la liberté politique.

❧❦❧

Le produit du libre arbitre, de la liberté religieuse et de la liberté politique (ne confondons pas avec la liberté civile) est la France d'aujourd'hui. Qu'est-ce que la France de 1840? Un pays exclusivement occupé d'intérêts matériels, sans patriotisme, sans conscience, où le pouvoir est sans force, où l'élection, fruit du libre arbitre et de la liberté politique, n'élève que les médiocrités, où la force brutale est devenue nécessaire contre les violences populaires, où la discussion, étendue aux moindres choses, étouffe toute action du corps politique, où l'argent domine toutes les questions et où l'individualisme, produit horrible de la division à l'infini des héritages qui supprime la famille, dévorera tout, même la nation, que l'égoïsme livrera quelque jour à l'invasion. On se dira : Pourquoi pas le czar? comme on s'est dit : Pourquoi pas le duc d'Orléans? On ne tient pas à grand'chose, mais dans cinquante ans de *progrès* pareil, on ne tiendra plus à rien.

❧❦❧

Hélas! la question du calvinisme coûtera bien plus cher encore à la France qu'elle n'a coûté jusqu'aujourd'hui; car les sectes religieuses et politiques, humanitaires, égalitaires, etc., d'aujourd'hui, sont la queue du calvinisme; et à voir les fautes du pouvoir, son mépris pour l'intelligence, son amour pour les intérêts matériels où il veut prendre ses points d'appui et qui sont les plus trompeurs de tous les ressorts, à moins d'un secours providentiel, le génie de la destruction l'emportera de nouveau sur le génie de la conservation. Les assaillants, qui n'ont rien à perdre et tout à gagner, s'entendront admirablement; tandis que leurs riches adversaires ne veulent faire aucun sacrifice, ni en argent, ni en amour-propre, pour s'attacher des défenseurs.

L'imprimerie vint en aide à l'opposition commencée par les Vaudois et les Albigeois. Une fois que la pensée humaine, au lieu de se condenser comme elle était obligée de le faire pour rester sous la forme la plus communicable, revêtit une multitude d'habillements et devint le peuple lui-même, au lieu de rester en quelque sorte *axiomatique*, il y eut deux multitudes à combattre : la multitude des idées et la multitude des hommes. Le pouvoir royal a succombé dans cette guerre, et nous assistons de nos jours (1840), en France, à sa dernière combinaison avec des éléments qui le rendent difficile, pour ne pas dire impossible. Le pouvoir est une *action*, et le principe électif est la *discussion*. Il n'y a pas de politique possible avec la discussion en permanence.

L'indécision, tant reprochée aux grands politiques, ne provient que de l'étendue même du coup d'œil par lequel ils embrassent toutes les difficultés, les compensant l'une et l'autre, et additionnant, pour ainsi dire, toutes les chances avant de prendre un parti.

Quand la religion et la royauté seront abattues, le peuple en viendra aux grands, après les grands il s'en prendra aux riches. Enfin, quand l'Europe ne sera plus qu'un troupeau d'hommes sans consistance, parce qu'elle sera sans chefs, elle sera dévorée par de grossiers conquérants. Vingt fois déjà le monde a présenté ce spectacle, et l'Europe le recommence. Les idées dévorent les siècles comme les hommes sont dévorés par leurs passions.

Quand l'homme sera guéri, l'humanité se guérira peut-être.

❧

Les écrivains, les administrateurs, l'Église du haut de ses chaires, la presse du haut de ses colonnes, tous ceux à qui le hasard donne le pouvoir d'influer sur les masses, doivent le dire et le redire : thésauriser est un crime social. L'économie inintelligente de la province arrête la vie du corps industriel, et compromet la santé de la nation.

❧

La moralité, qu'il ne faut pas confondre avec la religion, commence à l'aisance, comme on voit dans la sphère supérieure la délicatesse fleurir dans l'âme quand la fortune a doré le mobilier. L'homme absolument probe et moral est, dans la classe des paysans, une exception. Les curieux demanderont pourquoi? De toutes les raisons qu'on peut donner de cet état de choses, voici la principale. Par la nature de leurs fonctions sociales, les paysans vivent d'une vie purement matérielle qui se rapproche de l'état sauvage auquel les invite leur union constante avec la nature. Le travail, quand il écrase le corps, ôte à la pensée son action purifiante, sur-

tout chez des gens ignorants. Enfin, pour les paysans, la misère est leur *raison d'État*.

❧

La misère a des raisons cachées dont le jugement n'appartient qu'à Dieu, des raisons physiques
souvent fatales, et des raisons morales nées du
caractère, produites par des dispositions que nous
accusons et qui parfois sont le résultat de qualités,
malheureusement pour la société, sans issue. Les
miracles accomplis sur les champs de bataille nous
ont appris que les plus mauvais drôles pouvaient
s'y transformer en héros.

❧

Historiquement, les paysans sont encore au lendemain de la Jacquerie, leur défaite est restée in-
scrite dans leur cervelle. Ils ne se souviennent plus
du fait, il est passé à l'état d'idée instinctive. Cette
idée est dans le sang des paysans comme l'idée de
la supériorité fut jadis dans le sang noble. La révolution de 1789 a été la revanche des vaincus.
Les paysans ont mis le pied dans la possession du
sol que la loi féodale leur interdisait depuis douze
cents ans. De là leur amour pour la terre, qu'ils

partagent entre eux jusqu'à couper un sillon en deux
parts, ce qui souvent annule la perception de l'impôt,
car la valeur de la propriété ne suffirait pas à couvrir
les frais de poursuite pour le recouvrement.

⬥

A qui sait lire fructueusement Machiavel, il est
démontré que la prudence humaine consiste à ne
jamais menacer, à faire sans dire, à favoriser la
retraite de son ennemi en ne marchant pas, selon
le proverbe, sur la queue du serpent, et à se garder,
comme d'un meurtre, de blesser l'amour-propre de
plus petit que soi. Le fait, quelque dommageable
qu'il soit aux intérêts, se pardonne à la longue, il
s'explique de mille manières ; mais l'amour-propre,
qui saigne toujours du coup qu'il a reçu, ne pardonne jamais à l'idée. La personnalité morale est
plus sensible, plus vivante en quelque sorte que la
personnalité physique. Le cœur et le sang sont
moins impressibles que les nerfs. Enfin notre être
intérieur nous domine quoi que nous fassions.

⬥

Depuis 1792, tous les propriétaires de France
sont devenus solidaires. Hélas ! si les familles féo-

dales, moins nombreuses que les familles bour-
geoises, n'ont compris leur solidarité ni en 1400
sous Louis XI, ni en 1600 sous Richelieu, peut-on
croire que, malgré les prétentions du dix-neuvième
siècle au progrès, la bourgeoisie sera plus unie que
ne le fut la noblesse? Une oligarchie de cent mille
riches a tous les inconvénients de la démocratie
sans en avoir les avantages. Le *chacun chez soi,
chacun pour soi*, l'égoïsme de famille tuera l'égoïsme
oligarchique si nécessaire à la société moderne,
et que l'Angleterre pratique admirablement depuis
trois siècles. Quoi qu'on fasse, les propriétaires ne
comprendront la nécessité de la discipline qui ren-
dit l'Église un admirable modèle de gouvernement
qu'au moment où ils se sentiront menacés chez
eux, et il sera trop tard. L'audace avec laquelle le
communisme, cette logique vivante et agissante de
la démocratie, attaque la société dans l'ordre moral,
annonce que, dès aujourd'hui, le Samson populaire, devenu prudent, sape les colonnes sociales
dans la cave, au lieu de les secouer dans la salle
de festin.

Le plus grand élément des mauvaises actions
secrètes, des lâchetés inconnues, est peut-être un
bonheur incomplet. L'homme accepte peut-être

mieux une misère sans espoir que ces alternatives de soleil et d'amour à travers des pluies continuelles. Si le corps n'y gagne pas toujours des infirmités précoces, l'âme y gagne la lèpre de l'envie. Chez les petits esprits, cette lèpre tourne en cupidité lâche et brutale à la fois, à la fois audacieuse et cachée; chez les esprits cultivés, elle engendre des doctrines antisociales dont on se sert comme d'une escabelle pour dominer ses supérieurs. Ne pourrait-on pas faire un proverbe de ceci: « Dis-moi ce que tu as, je te dirai ce que tu penses. »

Persécuter un homme, en politique, ce n'est pas seulement le grandir, c'est encore en innocenter le passé. Le parti libéral, sous ce rapport, fut un grand faiseur de miracles. Son funeste journal, qui eut alors l'esprit d'être aussi plat, aussi calomniateur, aussi crédule, aussi niaisement perfide que tous les publics qui composent les masses populaires, a peut-être commis autant de ravages dans les intérêts privés que dans l'Église.

Le système monarchique, avant 1830, et le système impérial remédiaient à beaucoup d'abus par des existences consacrées, par des classifications, par des contre-poids qu'on a si sottement définis des *priviléges*. Il n'existe pas de priviléges du moment où tout le monde est admis à grimper au mât de cocagne du pouvoir. Ne vaudrait-il pas mieux d'ailleurs des priviléges avoués, connus, que des priviléges surpris, établis par ruse, en fraude de l'esprit qu'on veut faire public, qui reprennent l'œuvre du despotisme en sous-œuvre et un cran plus bas qu'autrefois? N'aurait-on renversé de nobles tyrans, dévoués à leur pays, que pour créer d'égoïstes tyranneaux? Le pouvoir sera-t-il dans les caves au lieu de rayonner à sa place naturelle?

---

Le talent littéraire doit éclater dans la peinture des causes qui engendrent les faits, dans les mystères du cœur humain dont les mouvements sont négligés par les historiens. Les personnages d'un roman sont tenus à déployer plus de raison que les personnages historiques. Ceux-ci demandent à vivre, ceux-là ont vécu. L'existence des uns n'a pas besoin de preuves, quelque bizarres qu'aient été leurs actes, tandis que l'existence des autres doit être appuyée par un consentement unanime.

---

La vérité littéraire consiste à choisir des faits et des caractères, à les élever à un point de vue d'où chacun les croie vrais en les apercevant, car chacun a son *vrai* particulier, et chacun doit reconnaître la teinte du sien dans la couleur générale du type présenté par le romancier.

⋙⋘

Le sentiment est égal au talent. *Sentir* est le rival de *comprendre*, comme *agir* est l'antagoniste de *penser*. L'ami d'un homme de génie peut s'élever jusqu'à lui par l'affection, par la compréhension. Sur le terrain du cœur un homme médiocre peut l'emporter sur le plus grand artiste.

⋙⋘

Le caractère du gouvernement, depuis 1830, a été de faire des lois à mesure que les circonstances en exigeaient, au lieu d'avoir des lois qui permissent de dominer les circonstances. Ce caractère est celui de toutes les époques révolutionnaires, qui sont des maladies politiques. Ce triste système est celui de gens médiocres, qui vont au jour le jour. C'est de l'empirisme, et non de la grande médecine politique.

⋙⋘

MM. Guizot, Thiers, Cousin, Rémusat, etc., sont des hommes qui, pris individuellement, offrent des qualités éminentes, et qui ne se rencontrent pas communément ; mais il existe, dans les régions supérieures, une grande quantité de personnes qui leur sont au moins égales, et leurs qualités ne sont pas celles qui constituent des hommes d'État. Richelieu, Mazarin, Colbert, Louvois, n'avaient aucune des qualités remarquables de ces messieurs. De Lyonne en était absolument privé. Certes, ils eussent probablement été dans l'impossibilité de parler longtemps devant une assemblée et d'y discuter, ils n'auraient pas pu faire un cours de philosophie, et c'étaient de médiocres railleurs ; mais jamais il ne s'est rencontré de volontés plus compactes, de travailleurs plus assidus, d'idées incarnées plus tenaces, de négociateurs plus habiles, plus persistants ni plus dignes. Mais aussi ces hommes n'ont pas été le fruit des séditions populaires et des coalitions de quelques bourgeois stupides. Ce fut après dix ans d'expériences que Richelieu s'endormit dans Mazarin et le signala comme le seul homme à qui l'on pouvait confier le fardeau des affaires publiques. Ce choix, cette prédilection, feraient déjà de Richelieu un grand homme. En mourant, Mazarin léguait à Louis XIV deux commis, en les lui recommandant comme il avait été

recommandé lui-même. Ces deux commis étaient
le grand Colbert et le grand de Lyonne. De Lyonne,
pour qui a étudié la politique, est au moins aussi
grand que Colbert : c'est toute l'étonnante diplomatie de cette immense époque.

Les sculpteurs antiques et modernes ont souvent
posé de chaque côté de la tombe des génies qui
tiennent des torches allumées. Ces lueurs éclairent
aux mourants le tableau de leurs fautes, de leurs
erreurs, en leur éclairant les chemins de la mort.
La sculpture représente là de grandes idées, elle
formule un fait humain. L'agonie a sa sagesse.
Souvent on voit de simples jeunes filles, à l'âge le
plus tendre, avoir une raison centenaire, devenir
prophètes, juger leur famille, n'être les dupes d'aucune comédie. C'est là la poésie de la mort. Mais,
chose étrange et digne de remarque ! on meurt de
deux façons différentes. Cette poésie de la pro-
phétie, ce don de bien voir, soit en avant, soit en
arrière, n'appartient qu'aux mourants dont la chair
seulement est atteinte, qui périssent par la destruction des organes de la vie charnelle. Ainsi, les
êtres attaqués, comme Louis XIV, par la gangrène,
les poitrinaires, les malades qui périssent par la

fièvre, par l'estomac, ou comme les soldats par des blessures qui les saisissent en pleine vie, ceux-là jouissent de cette lucidité sublime, et font des morts surprenantes, admirables, tandis que les gens qui meurent par des maladies pour ainsi dire intelligentielles, dont le mal est dans le cerveau, dans l'appareil nerveux qui sert d'intermédiaire au corps pour fournir le combustible de la pensée, ceux-là meurent tout entiers. Chez eux, l'esprit et le corps sombrent à la fois. Les uns, âmes sans corps, réalisent les spectres bibliques, les autres sont des cadavres.

FIN.

www.ingramcontent.com/pod-product-compliance
Lightning Source LLC
Chambersburg PA
CBHW070616100426
42744CB00006B/505